U0651353

干部读本

中国台湾问题

（2024年版）

中共中央台湾工作办公室
国务院台湾事务办公室

九 州 出 版 社　JIUZHOUPRESS | 全国百佳图书出版单位

图书在版编目（CIP）数据

中国台湾问题：干部读本：2024年版 / 中共中央
台湾工作办公室，国务院台湾事务办公室编. -- 北京：
九州出版社，2024. 12.（2025.8重印）
-- ISBN 978-7-5225-3343-8

Ⅰ. D618

中国国家版本馆CIP数据核字第2024PW1447号

中国台湾问题：干部读本（2024年版）

作　　者	中共中央台湾工作办公室　国务院台湾事务办公室　编
出 版 人	张黎宏
责任编辑	邓金艳　习　欣　郝军启　高美平
	周弘博　肖润楷　关璐瑶　田　梦
封面设计	锋尚设计
出版发行	九州出版社
地　　址	北京市西城区阜外大街甲 35 号（100037）
发行电话	（010）68992190/3/5/6
网　　址	www.jiuzhoupress.com
印　　刷	鑫艺佳利（天津）印刷有限公司
开　　本	710 毫米 ×1000 毫米　16 开
印　　张	16.25
字　　数	182 千字
版　　次	2025 年 1 月第 1 版
印　　次	2025 年 8 月第 2 次印刷
书　　号	ISBN 978-7-5225-3343-8
定　　价	68.00 元

★版权所有　侵权必究★

编　委　会

主　任：宋　涛

副主任：潘贤掌　仇开明　吴　玺

编　委：（按姓氏笔画为序）

王　冰　　王振宇　　龙　虎　　付　强

朱卫东　　朱凤莲　　孙升亮　　严安林

李京文　　杨　毅　　杨义瑞　　张　晗

张万明　　张世宏　　张黎宏　　陈　先

陈斌华　　梅　红　　彭庆恩　　鞠海涛

引　言

　　台湾自古以来就是中国领土。中华民族 5000 多年的漫长历史，记载着历代先民迁居台湾、繁衍生息，记载着两岸同胞共御外辱、光复台湾，镌刻着两岸同胞血脉相连的史实。1662 年，民族英雄郑成功驱逐荷兰殖民者收复台湾。1683 年，清朝政府攻取澎湖、台湾，将台湾置于中央政府管辖之下，1684 年设立台湾府，隶属福建省管辖；1885 年改设台湾为行省，并把台湾建设成为当时中国先进省份之一。1895 年，因甲午战争落败，清朝政府被迫割让台湾及澎湖列岛，台湾被外族侵占长达半个世纪。1945 年，中国人民取得抗日战争暨世界反法西斯战争的伟大胜利，当年 10 月 25 日，台湾光复，重回祖国怀抱。其后不久，由于中国内战延续和外部势力干涉，海峡两岸陷入长期政治对立的特殊状态，由此产生了台湾问题。

　　中国共产党、中国政府、中国人民始终把解决台湾问题、实现祖国完全统一，作为矢志不渝的历史任务。1949 年新中国成立后，以毛泽东同志、邓小平同志、江泽民同志、胡锦涛同志为主要代表的中国共产党人就解决台湾问题、实现祖国统一作出重大战略决策，提出重要政策主张，推动台海形势从紧张对峙走向缓和改善、

1

进而走上和平发展道路，两岸关系总体面貌发生深刻变化。

党的十八大以来，习近平总书记统筹中华民族伟大复兴战略全局和世界百年未有之大变局，把握历史大势和时代变化，丰富发展了国家统一理论和对台方针政策，形成了新时代党解决台湾问题的总体方略，为做好新时代对台工作提供了根本遵循和行动指南。在习近平总书记亲自领导、亲身参与下，两岸领导人实现1949 年以来首次会晤、直接对话沟通，两岸政治交往取得历史性突破。我们全面贯彻新时代党解决台湾问题的总体方略，牢牢掌握两岸关系主导权和主动权，广泛团结台湾同胞，坚决反对"台独"分裂和外部势力干涉，扎实推动两岸关系和平发展、融合发展，坚定推进祖国统一进程，对台工作取得新进展、呈现新气象。

为帮助广大干部群众了解台湾问题的历史经纬、两岸关系发展历程和当前台湾局势、两岸关系形势，更好学习理解新时代党解决台湾问题的总体方略和党中央对台工作大政方针，中共中央台湾工作办公室、国务院台湾事务办公室坚持以习近平新时代中国特色社会主义思想为指导，全面贯彻党的二十大精神和新时代党解决台湾问题的总体方略，对 1998 年出版、2015 年修订的《中国台湾问题：干部读本》进行了全面修订，保持基本观点和内容的一致性、连贯性，也作了必要的充实、提炼和修订。同时，本书专列"新时代党解决台湾问题的总体方略"一章，系统阐述了总体方略的主要内容，也增写了 2014 年以来两岸关系发展脉络和关键事件、对台工作的重要举措等内容。

对台工作是"国之大者"，责任重大，使命光荣。希望对台工作干部通过对本书的学习，学深悟透新时代党解决台湾问题的总体方略，努力成为对党忠诚、业务专精、纪律严明的高素质专业化对台干部。新征程上，全体对台工作干部要以习近平新时代中国特色社会主义思想为指导，深刻领悟"两个确立"的决定性意义，增强"四个意识"、坚定"四个自信"、做到"两个维护"，坚决贯彻落实新时代党解决台湾问题的总体方略和党中央对台工作决策部署，不断增强对台工作的政治性、战略性、前瞻性和行动性，团结广大台湾同胞，坚定守护中华民族共同家园，坚定共创中华民族绵长福祉，坚定铸牢中华民族共同体意识，坚定实现中华民族伟大复兴，推动两岸关系和平发展、融合发展，推进祖国统一大业。

台湾问题事关国家核心利益和全国各族人民的民族感情。希望广大干部群众借由本书更加深刻理解党中央对台工作大政方针，积极支持对台工作，参与两岸交流合作，为早日解决台湾问题、完成祖国统一大业作出应有贡献。

习近平总书记深刻指出，台湾问题因民族弱乱而产生，必将随着民族复兴而解决！当前，中华民族伟大复兴已经进入不可逆转的历史进程，展现日益光明的前景。只要全体中华儿女携手努力，就一定能在实现中华民族伟大复兴的进程中，完成祖国统一的千秋伟业。

宋 涛

2024 年 10 月

目　录

第一章 台湾基本情况

台湾是中国领土的一部分。1949年以来，尽管台湾海峡两岸尚未统一，但中国主权和领土从未分割，大陆和台湾同属于一个中国的法理和事实从未改变。

第一节 地理与历史

一、地理概况

台湾地区，是指台湾当局实际控制下的台湾省（包括台湾本岛与兰屿、绿岛、钓鱼岛等附属岛屿及澎湖列岛），以及福建省的金门、马祖、乌丘等岛屿，陆地总面积3.6万平方公里。台湾地区行政区划包括：台北、新北、桃园、台中、台南、高雄6个"直辖市"，基隆、新竹、嘉义3个市，新竹、苗栗、彰化、南投、云林、嘉义、屏东、台东、花莲、宜兰、澎湖、金门、连江（马祖）13个县。

远古时代，台湾与大陆相连，后由于海平面上升、地质变化，相连的陆地部分被淹没，形成台湾海峡，出现台湾岛。台湾海峡北通东海、南接南海，长约1300公里，最宽处约200公里，最窄处约 130 公里。台湾岛是中国第一大岛，位于东南沿海大陆架上，西隔台湾海峡，与福建相望。台湾岛上三分之二面积为高山和丘陵，东部多山脉，中部多丘陵，西部多平原。台湾岛有五大山脉、四大平原和三大盆地，分别是中央山脉、雪山山脉、玉山山脉、阿里山山脉和台东山脉，宜兰平原、嘉南平原、屏东平原和台东纵谷平原，台北盆地、台中盆地和埔里盆地。台湾岛主要河流有浊水溪、高屏溪、淡水河、大甲溪、曾文溪。

台湾纵跨温带与热带，北回归线穿过中部，北部为亚热带气候，南部为热带气候，冬季温暖，夏季炎热，雨量充沛，常受台风侵袭。

台湾岛上，植物超过 1 万种，被称为"天然植物园"，其中杉、红桧、樟、楠等名贵林木闻名于世；动物超过 2.5 万种，最著名的是蝴蝶，有 400 多种，因此台湾岛被称为"蝴蝶王国"。

米、糖、茶是台湾岛内著名的三大传统物产，被称为"台湾三宝"。台湾经济作物主要有甘蔗、茶叶、花生、芝麻、烟草、苏麻、香茅草、槟榔、花卉等，水果品种繁多，常见的有香蕉、菠萝、柑橘、龙眼、莲雾、番石榴、芒果等。台湾地处寒暖流交汇处，台湾岛和澎湖列岛海岸线总长约 1578 公里，海洋渔业和养殖业发达。

二、历史概况

台湾先住民系古越人的一支，从大陆直接或间接移居而来。台湾有文字记载的历史，可以追溯到公元 230 年。当时三国时期吴王孙权派 1 万多名官兵到达台湾（夷洲），吴人沈莹《临海水土志》留下了世界上关于台湾最早的记述。隋朝曾三次派兵到台湾（流求）。公元 610 年左右（隋朝大业年间），大陆沿海居民开始迁居澎湖。12 世纪中叶，南宋王朝将澎湖划归福建泉州晋江县管辖，并派兵戍守。元朝至元年间，元朝政府正式在澎湖设巡检司，隶属福建泉州同安县（今厦门）。大陆沿海居民于宋元时期开始移居台湾拓垦，明代时期逐渐增多，规模越来越大。16 世纪中后期，明朝恢复一度废止的澎湖巡检司，并派兵驻防。明末，福建官府和郑芝龙集团大规模组织移民赴台垦殖。17 世纪末，大陆沿海赴台开拓者超过 10 万人。由于迁居台湾的闽南人居多，闽南方言称台湾为"大员""台员"等，明万历年间公文开始正式使用"台湾"称谓，遂成定名。

17 世纪，西班牙、荷兰等西方殖民势力开始向东方伸出触角。1624 年荷兰殖民者侵占台湾南部，1626 年西班牙殖民者入侵台湾北部，1642 年荷兰取代西班牙占领台湾北部。1661 年南明延平王郑成功率部进军台湾，次年驱逐盘踞台湾的荷兰殖民者，收复台湾。郑成功因这一历史功绩，被誉为民族英雄，亦在台湾被誉为"开台圣王"。

郑成功收复台湾并建立政权，但于 4 个月后病逝，其子郑经接续经营台湾至 1681 年去世。郑氏政权在台湾建章立制，兴文重教，开发土地，兴修水利，发展对外贸易，促进了台湾的发展。同时，郑氏政权一直与已经统治大陆的清朝政府对抗。1683 年，清康熙帝派施琅带兵攻取台湾，迫使郑经之子郑克塽归顺，将台湾置于中央政府管辖之下。第二年，清政府在福建省建制内设立台湾府，下辖台湾、凤山、诸罗三县，台湾开发进入新时期，此后越来越多的大陆东南沿海居民渡海赴台。至 1811 年，台湾人口达 190 余万。1874 年，清政府扩增台湾行政区划为二府八县四厅。1885 年，清政府划台湾为单一行省，为当时中国第 20 个行省。首任台湾省巡抚刘铭传积极推行自强新政，清理田赋，建造铁路，购买轮船、军舰，创立西学堂、电报学堂，设立邮电局、机器局等，使台湾成为当时中国先进省份之一。

1894 年（中国甲午年），日本发动侵略朝鲜、中国的战争（史称"甲午战争"），并于第二年 4 月迫使战败的清政府签订不平等的《马关条约》，割让台湾及澎湖列岛。消息传出，全国迅速掀起大规模的"反割台"爱国救亡运动。台湾军民奋勇自救，抗击日本侵占，坚持战斗 5 个多月，使日本侵略者付出惨重代价，显示了保卫家园的坚强意志和浩然正气。

日本霸占台湾后，在台湾设置总督府，实行总督专制统治，通过严密的警察制度、保甲制度控制台湾社会，通过所谓"农业台湾、工业日本"的政策掠夺台湾资源，还强制推行"皇民化运动"，力图泯灭台湾民众的中国认同。台湾人民从未屈服于日本殖民统治，坚持武装斗争达 20 年之久，之后又开展非武装民族反抗运动。1937 年 7 月，日本发动全面侵华战争，中国人民开始全民族抗日战争，台湾人民反日斗争融入中华民族的全面抗战之中。从日本 1895 年霸占台湾到 1945 年战败投降的 50 年间，台湾人民进行了各种英勇的抗日斗争，数十万人付出了宝贵的生命。台湾同胞反抗日本殖民统治的历史，闪耀着中华民族伟大爱国精神的光辉。

1941 年 12 月 9 日，中国政府发布对日宣战布告，宣告"所有一切条约、协定、合同，有涉及中日间之关系者，一律废止"，并宣布将收回台湾、澎湖列岛。1943 年 12 月 1 日，中美英三国政府发表《开罗宣言》明确规定，"三国之宗旨在使日本所窃取于中国之领土，例如满洲、台湾、澎湖群岛等，归还中国"。1945 年 7 月 26 日，中美英三国签署（后有苏联参加）《波茨坦公告》，重申"开罗宣言之条件，必将实施，而日本之主权，必将限于本州、北海道、九州、四国及吾人所决定其他小岛之内"。1945 年 8 月 15 日，日本宣布接受《波茨坦公告》，无条件投降。至此，世界反法西斯战争暨中国人民抗日战争取得最终胜利。10 月 25 日，同盟国中国战区台湾省受降仪式在台北举行，中国受降官代表中国政府宣告："自即日起，台湾及澎湖列岛已正式重入中国版图，所有一切土地、人民、政事皆已置于中国主权之下。"台湾同胞欢天喜地，庆祝回到祖国怀抱。为志纪念，10 月 25 日被定为台湾光复节。

在中国抗日战争期间，中国共产党和中国国民党进行了两党历史上的第二次合作，建立了抗日民族统一战线。抗战胜利后，中国人民迫切需要一个和平安定的环境休养生息、重建家园。中国共产党从人民的这一根本愿望出发，主张团结一切爱国民主力量，建设独立、自由、民主、统一、富强的新国家。但是，国民党统治集团却凭借其拥有绝对优势的军事力量，处心积虑想消灭中国共产党及其领导的军队。为避免内战，中共中央主席毛泽东于

1945 年 8 月应邀到重庆与国民党进行和平谈判，并于 10 月力促达成会谈纪要（"双十协定"）。但是，国民党统治集团最终还是撕毁了"双十协定"及 1946 年 1 月国共两党达成的停战协定、政治协商会议通过的一系列协议，于 1946 年 6 月发动了全面内战。国民党挑起内战，违背了全国人民的愿望，仅三年时间就彻底失败。1949 年 10 月，中华人民共和国成立。同年底，国民党统治集团退踞台湾并图谋"反攻大陆"。正在中国人民解放军着手进行解放台湾的准备时，1950 年 6 月 25 日，朝鲜内战爆发。美国借机派军队进入台湾海峡，阻挠人民解放军解放台湾，并扶持国民党统治集团，由此产生了台湾问题。

台湾问题是中国内战遗留的问题，与第二次世界大战后产生的东西德问题、南北朝鲜问题性质不同。二战期间的《开罗宣言》《波茨坦公告》等国际条约明确规定日本将台湾归还中国。1945 年世界反法西斯战争暨中国人民抗日战争胜利后，当时的中国政府也于当年 10 月恢复了对台湾行使主权。由此，通过一系列具有国际法理效力的文件，中国从法律和事实上收复了台湾。1949 年 10 月 1 日，中华人民共和国中央人民政府成立，取代中华民国政府成为全中国的唯一合法政府和在国际上的唯一合法代表。这是在中国这一国际法主体没有发生变化的情况下新政权取代旧政权，中国的主权和固有疆域并未由此而改变，中华人民共和国政府理所当然地完全享有和行使中国的主权，其中包括对台湾的主权。国民党统治集团退踞台湾以后，虽然继续使用"中华民国"和"中华民国政府"的名称，但已完全无权代表中国行使国家主权。

1971 年 10 月 25 日，第 26 届联合国大会通过第 2758 号决议，决定："恢复中华人民共和国的一切权利，承认她的政府的代表为中国在联合国组织的唯一合法代表并立即把蒋介石的代表从它在联合国组织及其所属一切机构中所非法占据的席位上驱逐出去。"这一决议，不仅从政治上、法律上和程序上彻底解决了包括台湾在内全中国在联合国的代表权问题，而且明确了中国在联合国的席位只有一个，不存在"两个中国""一中一台"的问题。随后，联合国相关专门机构以正式决议等方式，恢复中华人民共和国享有的合法席位，驱逐台湾当局的"代表"。

第二节　社会结构

一、社会阶层

1949 年以来，台湾经过土地改革并随着工业化的发展，社会结构发生重大变化，从传统农业社会发展为现代工商社会。

现在，台湾社会大致可分为三个阶层。一是工人和农民——工人多数是随着台湾工业化和城镇化发展而脱离农村的农民。随着第三产业发展，服务业中的工人逐渐增多，传统产业工人比例下降。农民经营多样，规模较小，生产、生活状况随着现代农业的发展而发生重大变化。二是中产阶级——包括企业管理人员、中小企业主、专业技术人员、社会文化精英与部分公教人员等。上世纪 70 年代以后，随着台湾经济快速发展和教育普及，中产阶级兴起，成为主要社会力量之一，对台湾政治、经济产生深刻影响。三是资本家——是在激烈的市场竞争中形成的具有一定经济实力的企业家，其经营初期得到台湾当局的政策扶植，其中许多人在资金、技术、市场销售等方面得到发达国家尤其是日本企业的支持。台湾资本家在当地社会经济生活中具有重要地位。

长期以来，由于台湾以高科技产业发展为主的经济结构和出口导向型的经济特征，以及台湾当局实行有利于大企业、高科技新兴产业发展的赋税制度，台湾社会不同阶层的贫富差距逐渐扩大。

二、族群构成

台湾是移民社会，民众因祖籍地不同、迁居台湾的时间先后，形成不同族群。族群矛盾与省籍矛盾、统"独"矛盾交织在一起，成为台湾社会生态的重要特征。

2023 年，台湾地区总人口 2342 万人，主要分为四大族群——闽南人、客家人、外省人、少数民族。闽南人、客家人和外省人基本上都是汉民族，约占台湾总人口的 97.5%。闽南人、客家人大多是 1945 年以前移居台湾的，又被称为本省人。截至 2021 年底，闽南人约占总人口的 72%，祖籍地多为福建泉州、漳州；客家人约占总人口的 12%，祖籍地多为福建龙岩和广东梅县（今梅州市）。所谓外省人，是指 1945 年以后特别是 1949 年前后跟随国民党统治集团到台湾的各省人士及其后代，约占总人口的 12%。台湾当局认定的少数民族包括 16 个族群，统称为"原住民族"，占总人口的 2.52%。此外，截至 2023 年底，来自大陆及港澳地区配偶共计 38.35 万人，约占总人口的 1.6%。

台湾 1945 年光复后，因二战时期日本殖民统治残酷压榨和剥削等因素的影响，经济破败，物价飞涨，民生困顿，本省民众与前来接收的国民党台湾省当局产生矛盾。1947 年 2 月 28 日，因当局查缉私烟引发人民大规模反抗。这一反抗遭到军事镇压，埋下了日后台湾社会中"省籍矛盾"的种子，也成为滋生"台独"意识的事件之一。国民党统治集团 1949 年退踞台湾后，以"反共"和"反攻大陆"为名实施"戒严"体制长达 38 年之久，使台湾社会长期笼罩在白色恐怖之下，加剧了本省人与外省人之间的矛盾。1990 年以后台湾开始政治转型，"台独"分裂势力利用台湾民众对政治民主化的要求鼓吹"台独"，借选举挑动省籍矛盾、族群斗争，刻意划分所谓台湾人与外省人，把"本土"与"爱台"挂钩、"外来"与"卖台"连接，鼓吹"台湾人选台湾人"、建立"本土政权"，使省籍矛盾成为台湾政治中的突出问题。迄今，省籍矛盾在日常生活中并不突出，但在政治生活中仍有较大影响。

第三节　政制与政党

一、政治体制

国民党统治集团 1949 年退踞台湾后，将"中华民国"体制搬到台湾。这套体制在台湾基本上延续下来，但由于时势变迁和种种政治、社会矛盾影响也发生了重大变化。

国民党统治集团退踞台湾时，根据 1948 年 5 月颁布的"动员戡乱时期临时条款"、1949 年 5 月颁布的"戒严法"，实行军事管制。不久，国民党当局即面临名不符实的"宪政危机"。为解决这一问题，国民党当局先后四次修订"动员戡乱时期临时条款"。1960 年初，蒋介石主导"国民大会"修订"动员戡乱时期临时条款"，获得连选连任及不受"中华民国宪法"限制的"紧急处分权"，成为"终身总统"。这次修订还冻结了"国民大会""立法院"选举。

1975 年 4 月蒋介石去世，不久蒋经国成为台湾地区领导人。从上世纪 70 年代初开始，台湾政局动荡，国民党政权面临内外交困的局面。1971 年 10 月台湾当局的代表被逐出联合国，1972 年中美关系走向正常化。1979 年 1 月 1 日，中美建交，美国与台湾当局"断交"。台湾当局在国际上日益孤立，加剧了内部"法统"危机。1986 年 9 月，台湾党外势力突破当局"党禁"成立民主进步党。面对内外环境剧变，蒋经国采取一系列举措，对内推行"年轻化""本土化"政策，80 年代中开始定期举行"国大代表""立法委员"增额选举，满足社会各界参政意愿，缓解"法统"危机；对外推行所谓"实质外交"，以民间名义发展与美国等各大国的实质关系。1986 年，国民党召开十二届三中全会，蒋经国提出"应变时局"的"政治革新"方案，充实"中央民意机构"、推动地方自治法制化、实行党务革新。1987 年 7 月，台湾当局解除"戒严"，开放"党禁""报禁"。

1988 年 1 月，蒋经国去世，李登辉继任台湾地区领导人。1991 年 5 月，台湾当局宣布结束"动员戡乱时期"，废除"动员戡乱时期临时条款"，开始所谓"回归宪政"，并着手制定"宪法增修条文"。李登辉力图对台湾政治体制进行结构性调整，建立"中华民国在台湾"的体制。从 1991 年至 2000 年李登辉下台，台湾地区进行了 6 次"修宪"，先后通过省市长直接选举、领导人直接选举、虚化"国民大会"、冻结台湾省选举等措施，明显改变了原有的政治体制。

2000 年 3 月，民进党候选人陈水扁当选台湾地区领导人。陈水扁上台后顽固坚持"台独"立场，推动"台独"活动升级，2003 年提出要制定"台湾新宪法"，为实现"公投制宪"制定了"公投法"。2004 年 3 月陈水扁再次当选连任后，推动"宪政改造"，谋求"台湾法理独立"，遭到彻底失败。此外，2005 年 6 月，台湾地区召开"国民代表大会"临时会，决定废除"国大"，"修宪"案改由"立法院"通过后提交"全民复决"，"立法委员"席次由 225 席减为 113 席、"立委"选举采用"单一选区两票制"。

台湾地区经过上述 7 次"修宪"，其政治体制与"中华民国宪法"最初设计相比已发生结构性变化，虽然仍维持"五权（立法、行政、司法、监察、考试）体制"的基本结构，但权力配置已明显呈"三权分立"和"总统制"的色彩。

台湾地区现行政治体制的主要特征：一是台湾地区领导人由直接选举产生，权力扩大，决定台湾当局的大政方针，提名任命行政、司法、监察、考试机构负责人。因"国大"废除，"立法院"权力扩大，包括可以提出"修宪案""领土变更案""总统、副总统弹劾案与罢免案"等。"监察院""考试院"功能弱化。二是形成了政党政治。截至 2024 年 4 月，台湾地区有政党 90 个。其中主要政党是中国国民党、民进党、台湾民众党、亲民党、新党、无党团结联盟、"时代力量"等。各政党围绕各项公职选举展开激烈竞争。三是实行地方自治制度。地方自治层级包括市（含台湾当局直辖市）县、乡镇两级。市（含台湾当局直辖市）县、乡镇为地方自治团体，具有公法人地位。市县、乡镇行政首长民选产生，市县议会、乡镇市民代表会对当地行政机构施政进行监督。

二、政党格局

台湾自 1987 年开放"党禁"30 多年以来，逐渐由国民党与民进党两党竞争、蓝绿两大阵营对抗转变为国民党、民进党、民众党三党角逐，蓝绿白相互缠斗局面。目前，泛蓝阵营主要有中国国民党、亲民党、新党，泛绿阵营主要有民进党、"时代力量"，"白色力量"是民众党。

中国国民党——截至 2022 年 12 月，具有党内投票权的党员约 45.1 万人。蒋介石在世时任党的总裁。1975 年设置党主席一职，历任党主席为蒋经国、李登辉、连战、马英九、吴伯雄、马英九、朱立伦、洪秀柱、吴敦义、江启臣，现任党主席为朱立伦。国民党统治集团退踞台湾后，长期图谋"反攻大陆"，最终彻底失败。在中国共产党开始实行和平统一政策的情况下，1980 年国民党提出"三民主义统一中国"的口号，同时实行"不接触、不谈判、不妥协"的政策，拒绝通过谈判实现两岸和平统一。李登辉1988 年任国民党主席后，逐步背弃一个中国原则，直至于 1999 年提出"两国论"分裂主张，对两岸关系发展造成严重破坏。国民党在 2000 年台湾地区领导人选举中失败，李登辉被开除党籍，连战出任国民党主席。2005 年，连战率团访问大陆，国共两党确立坚持"九二共识"、反对"台独"的共同立场，奠定了两党交往的政治基础，对两岸关系发展产生重大的积极影响。国民党在 2008 年台湾地区领导人选举中获胜、马英九"执政"后，坚持"九二共识"，改善和发展两岸关系，推动两岸交流合作，进行两岸协商谈判。国共两党在坚持体现一个中国原则的"九二共识"、反对"台独"共同政治基础上，开辟了两岸关系和平发展道路，推动两岸交流合作、协商谈判取得一系列重要成果。同时，国民党坚持维护"中华民国"的立场，不愿与大陆方面进行解决两岸政治分歧问题的谈判。2016 年至 2024 年，国民党连续三次在台湾地区领导人选举中失利，加上受到民进党当局以"转型正义"为名的持续"追杀"，统一理念淡化、党员结构老化、政经资源缺乏、基层组织弱化等问题进一步凸显。

民主进步党——1986 年 9 月成立，截至 2023 年 1 月，具有党内投票权的党员约 23.87 万人。历任党主席为江鹏坚、许信良、黄信介、施明德、林义雄、谢长廷、陈水扁、游锡堃、苏贞昌、蔡英文等，现任党主席为赖清德。民进党成立之初是反国民党政治力量的联合体，但不久领导权被"台独"分子把持，走上了谋求"台独"的道路。民进党的陈水扁在 2000 年、2004 年两次台湾地区领导人选举中获胜。陈水扁在其两届任期内，顽固坚持"台独"立场，推动"台独"活动升级，力图通过"宪政改造""台湾加入联合国公投"谋求"台湾法理独立"，引起两岸关系高度紧张动荡，最终遭到彻底失败。民进党在 2008 年、2012 年两次台湾地区领导人选举中失败，党内一再出现要求调整"台独"立场和对两岸关系政策的争论，但民进党仍坚持"台独"立场和"台湾是主权独立国家"的主张，阻挠两岸关系发展。在 2016 年、2020 年两次台湾地区领导人选举中，民进党候选人蔡英文当选。在她任期内，民进党当局依然坚持"台独"立场，拒不承认一个中国原则和"九二共识"，妄称"中华民国与中华人民共和国互不隶属"，勾连外部势力不断进行谋"独"挑衅，破坏两岸关系和平发展，阻挠、限制两岸交流合作，造成台海形势紧张动荡，严重损害两岸同胞共同利益和中华民族根本利益。2024 年 1 月，民进党候选人赖清德、萧美琴当选台湾地区正副领导人。赖清德在 5 月 20 日就职讲话中顽固坚持"台独"立场，大肆宣扬分裂谬论，煽动两岸对立对抗，妄图"倚外谋独""以武拒统"，充分暴露了其"台独"分裂本性。

台湾民众党——2019 年 8 月成立，以"超越蓝绿"为政治口号。创党人柯文哲连续担任两届党主席。2020 年 8 月，该党举行第一届党员大会，党员人数为 8068 人。2024 年 1 月，台湾民众党当选 8 席"立委"，成为仅次于中国国民党、民进党的"立法院"第三大党，在新竹市、金门县"执政"。

亲民党——2000 年 3 月成立，党主席宋楚瑜，主要成员大多来自国民党和新党，政治理念与国民党相似。亲民党曾长期与国民党合作，2004 年曾与国民党组成"连（战）宋（楚瑜）配"竞选台湾地区领导人，2008 年一些亲民党人士重新加入国民党或以国民党名义参加"立委"选举。同时，亲民党又与国民党存在矛盾和竞争关系。

新党——1993 年 8 月成立，由原国民党在"立法院"次级团体"新国民党连线"成员脱党后组成。历任领导人有赵少康、郁慕明、王建煊、陈癸淼、周阳山、李庆华、郝龙斌、谢启大、费鸿泰、郁慕明，现任党主席为吴成典。新党旗帜鲜明主张两岸和平统一，坚定坚持一个中国原则和"九二共识"，坚决反对"台独"。

"时代力量"——2015 年 1 月成立，前身是"公民组合"，后因内部矛盾激化，分裂成"时代力量"和社会民主党。"时代力量"属于"深绿"政党，坚持"台独"立场，主张"推动台湾的国家地位正常化"。历任党主席为黄国昌、邱显智、徐永明、高钰婷、陈椒华，现任党主席为王婉谕。

无党团结联盟（简称"无盟"）——2004 年 6 月由无党籍"立法委员"组成，主要负责人为林炳坤。主张积极开展两岸交流，支持两岸关系发展。

受台湾现行选举制度及选民结构影响，亲民党、新党、"时代力量"等小党生存和发展空间被压缩。

第四节　经济与科技

一、经济

1949 年以来，台湾经济发展大致经历四个时期。

经济恢复时期（1949—1952 年）。国民党统治集团退踞台湾初期，台湾人口剧增，物价飞涨，工农业生产几乎停顿，军事性开支占财政支出的一半以上，民众生活困难，经济濒临崩溃。面对这种状况，台湾当局采取一系列稳定社会和恢复经济的政策与措施，实行土地改革、币制改革和外汇贸易管制，优先发展电力、肥料及纺织工业等。从 1950 年下半年起，美国开始对台湾进行经济援助，帮助台湾恢复经济。到 1952 年，台湾经济基本恢复到二战前的最高水平。

以农养工时期（1952—1960 年）。台湾经济初步恢复后，经济结构以农业为主，劳动力过剩，对外贸易和国际收支逆差严重，外汇极度短缺。台湾当局实行"以农业培养工业、以工业发展农业"的方针，通过土地改革促进农业劳动生产率提高。上世纪 50 年代台湾农业发展迅速，成为创汇主力。台湾当局又通过把农业部门获取的利润转移到工业部门，重点发展民生工业，以岛内生产替代进口，满足岛内基本消费需求，节省外汇开支，同时创造更多就业机会，逐步形成以农副产品加工业、轻工业以及建筑业等为主的进口替代工业体系。

出口导向经济时期（1960—1986 年）。由于台湾市场狭小，进口替代工业产品市场日趋饱和，台湾当局抓住当时国际分工变化的机遇，制订鼓励政策和措施，利用低廉工资的比较优势，大力发展加工出口工业。这个时期外资对台湾工业化和出口扩张起到重要作用，民间企业从进口替代转向出口加工产业，成为经济成长的主力。至此，台湾工业建立起一个以出口加工区为依托，以轻纺、家电等加工工业为核心的产业支柱，带动了经济发展。

经济转型升级时期（1986年至今）。自上世纪80年代以来，由于台湾内外经济环境的变化，劳动密集型加工出口工业逐渐丧失比较利益和比较优势，导致民间投资意愿低落，经济发展陷入困境。为此，台湾当局于1986年提出实行"自由化、国际化、制度化"的经济转型，健全和完善市场经济机制，并以产业升级和拓展美国以外的外贸市场作为重大调整内容，确定以通讯、信息、消费电子、半导体、精密器械与自动化、航天、高级材料、特用化学及制药、医疗保健及污染防治等十大新兴产业为支柱产业。2020年，民进党当局在"五加二产业创新计划"基础上，打造"六大核心战略产业"，包括强化信息及数字相关产业；结合5G时代、数字转型及"国家安全"发展资安产业；打造接轨全球的生物及医疗科技产业；发展军民整合的"国防"及战略产业；发展绿电及再生能源产业；构建足以确保关键物资供应的民生及战备产业。到2023年，台湾信息电子工业、化学工业、金属机电工业占制造业比重超过90%，其中集成电路产业产值、出口金额占制造业总产值、总出口的比重分别为18.52%和38.52%。

台湾经济发展原因概括起来有如下几点：一是得益于大量的美国经济援助以及二战后世界经济的发展。美国对台湾经济援助不仅限于资金和物资，还包括军事援助、低利贷款、直接投资、技术转让和人才支援等。此外，西方国家在上世纪60至70年代的经济繁荣，给台湾发展出口导向型经济提供了巨大市场。二是从大陆带去的财物和人才起到不可忽略的作用。国民党统治集团败退台湾时，运去国库大量黄金、银元、美钞，并带去各类财经人才和大批机器设备。三是台湾当局制定了"稳定中求发展"的经济政策。优先发展农业及劳动密集型工业，再发展资本与技术密集型工业、进口替代工业和出口导向工业，并有效利用国际经济环境变化的契机。四是台湾人民勤劳节俭、勇于开拓创新，为积聚资本、发展经济、开拓海外市场等作出重要贡献。五是40多年来两岸经济关系发展为台湾经济带来重大红利。经过多年发展，大陆成为台湾经济发展的腹地和重要市场，台湾每年从对大陆贸易中获得巨额顺差，保证了总体贸易收支的平衡，提高了投资能力。台湾大批劳动密集型企业投资大陆，也有利于台湾产业的转型与升级。2008年5月国民党重新"执政"后，两岸签订一系列经济合作协议，实现两岸全面直接双向"三通"及大陆居民赴台旅游等，两岸经济合作日益成为台湾经济发展的重要因素。

二、科技

20世纪50年代，台湾当局急于稳定经济，无力顾及科技发展。1959年，台湾当局颁布"长期发展科技计划纲领"，主要目标在于充实科技发展的基础。同年，成立"长期发展科学委员会"负责规划和推动科学研究。在这一时期，科技研究发展方向以基础科学为主，同时通过各种补助措施培养研究人才。

上世纪60年代末到70年代，台湾工业发展重点由轻工业转向重化工业，对产业技术的要求提高。为此，台湾当局1968年颁布"十二年科学发展计划"，在扩大研究基础、改进科学教育的同时，加强应用科学的研究，先后成立工业技术研究院、中山科学研究院和"国家实验研究院"，并促进企业投资科技研究工作。

上世纪 80 年代中期台湾经济进入转型期后，台湾当局开始加大科技经费和人员投入，制订一系列相应计划，以实现将台湾建成"科技岛"的长期目标。台湾当局 1978 年首次召开科学技术会议，次年颁布"科学技术发展方案"，作为科技发展的最高指导方针。此后，科技会议每 4 年召开一次，制定新的发展政策与计划，推动了台湾科学技术发展。

当前，台湾成为世界重要的信息产业和半导体产业加工生产基地，产值跃居世界前列，集成电路制程技术达到世界先进水平。在科技发展初期，由于台湾经济规模较小、中小企业占绝大多数，民间科技研究先天不足，台湾科技行政部门居于主导地位，目前逐步形成由科技行政部门、民间企业、高等院校和专门研究机构等组成的科技研究体系。"行政院国家科学委员会"（现为"行政院国家科学及技术委员会"）是负责推动科技发展的主管单位，基础研究主要由"中央研究院"及各高等院校承担，应用科技研究主要由工业技术研究院及各科技行政部门所属的研究机构承担，军事科技研究由中山科学研究院负责，科技成果的生产和市场推广则由民间企业承担。2023 年台湾当局研发预算为 1379.15 亿元新台币。

第五节 文化教育与医疗卫生

一、文化

台湾文化的母体是中华文化，既是中华文化的重要组成部分，也丰富了中华文化的内涵。中华文化根植于台湾民间，渗透在社会生活的各个方面。

台湾通用普通话（"国语"），主要方言有闽南话、客家话。台湾少数民族使用自己的语言（如泰雅语、布农语、雅美语等），书写都使用汉字。

台湾民间习俗大多是明清时期由福建、广东移民带入，因袭至今，"处处表现闽粤风尚，事事彰显中华色彩"。儒家思想体现在台湾社会生活的各个方面。每年9月28日孔子诞辰纪念日，台湾各地孔庙都会举办祭孔大典。台湾宗教活动非常盛行，除佛教、道教、基督教外，还有妈祖、关公、开漳圣王、开台圣王、保生大帝等民间信仰。据台内部事务主管部门统计，截至2022年底，各类寺庙及教堂有15165所，信徒（按各教规规定正式皈依人数）941895人，其中超过万人的有道教813862人，佛教108069人，一贯道17304人。

台湾文学包括少数民族口头文学和汉语文学作品的发展历程，受到台湾少数民族文化、中国古典诗词小说、五四新文学运动的影响，日本殖民统治时期还受到日本文学的影响。日本殖民统治时期，台湾著名作家杨逵、吴浊流、钟理和等创作了一批反映日本殖民统治下台湾人民苦难生活和对祖国思念之情的文学作品。

1949 年后，由于一批大陆文人随国民党到台，以及台湾政治氛围的变化，台湾文坛先后出现"反共文学""乡土文学"流派和论战。"反共文学"随着台湾政治转型和两岸关系改善而销声匿迹。上世纪 60—70 年代是台湾电影发展的繁荣时期，影响较大的有《龙门客栈》《汪洋中的一条船》《原乡人》《早安台北》等。80—90 年代，一些年轻导演开始尝试以小成本、高艺术制作为特色的新浪潮电影，代表作有《光阴的故事》《悲情城市》《喜宴》《饮食男女》等，在国际影坛产生较大影响。进入 21 世纪，台湾电影产业大幅萎缩，产量锐减。

台湾美术主要包括中华传统书画艺术和台湾少数民族工艺美术。元明时期兴起的写意画风的"文人画"随大陆移民带到台湾，构成台湾书画艺术基础。日本殖民统治时期日本重彩东洋画风对台湾绘画艺术也产生一定影响。台湾光复后到台的书画大师，把水墨艺术带到台湾，使台湾传统书画艺术发展达到巅峰。

台湾的乐舞源于大陆的民族乐舞，同时吸收台湾少数民族乐舞和西洋乐舞的元素，大致可分为汉族乐舞、台湾少数民族乐舞、西式乐舞及流行乐舞等。上世纪 80—90 年代，台湾流行音乐发展很快，涌现出一大批优秀创作人和作品，对大陆和香港、澳门流行音乐产生重要影响。台湾的戏曲源于大陆，主要有歌仔戏、布袋戏、京剧等。

台湾新闻媒体业发达，2022 年，经注册登记、正常运营的媒体有 2100 多家报纸、5600 多种杂志、500 多家出版社、173 家广播电台、192 家电视媒体，其中 5 家无线电视台、64 家有线电视台、90 家卫星广播电视台节目供应者，影响力较大的综合性电视媒体主要有 13 家。据社交媒体运营公司 We Are Social 统计，截至 2023 年 1 月，台湾网络用户数量达 2168 万人，相当于全台 90.7% 的人口。因受限于市场狭小，台湾新闻出版广电产业竞争激烈，传统媒体生存困难，纷纷走上发展互联网的转型之路。

二、教育

台湾现行教育体系由学前教育、学校教育和社会教育三大部分组成。学前教育主要与家庭教育相配合，采取自由入园方式，对适龄儿童进行 1—2 年的健康教育、生活教育及伦理教育。学校教育由"国民教育"、中等教育和高等教育三个阶段组成，"国民教育"包括小学和初中，中等教育包括高级中学、高级职业学校、综合高中和完全中学四类，高等教育包括专科学校、独立学院、大学及研究机构。社会教育涉及范围甚广，包括补习及进修教育、成人教育及博物馆、图书馆、科学馆、文化中心、艺术馆等机构推行的社会教育等。台湾教育普及程度较高，职业教育体系完备，私立教育在整个教育体系中占有举足轻重的地位。据台教育部门统计，2023 学年台湾各级学校共 11123 所，学生总数为 404.2 万人。其中，幼儿园 6699 所、小学 2624 所、初中 735 所、高中 508 所、专科学校 12 所，独立学院 10 所，大学 126 所等。受少子化影响，自 2017 学年起各年级学校学生总数逐年递减，2023 年总数较 2017 年累计减少 36.2 万人。

三、医疗卫生

台湾医疗卫生管理机构分为两级，"行政院卫生福利部"是卫生行政机关，负责全面统筹、策划、协助和管理医疗卫生事业，各市县均设卫生局，负责本地医疗卫生、保健等工作。台湾的医疗体系比较健全，医疗服务呈现医院大型化及诊所普及化的发展趋势，小型私立医院逐渐退出市场，医院集团化特征日益明显。截至2022年底，台湾医疗机构共23578家，包括23098家诊所和480家医院，其中公立医院82家、私立医院398家。台湾于1995年3月开始实施"全民健康保险制度"，纳入健保体系人数达99%以上。

第六节　军事

一、军队建设

台湾地区军队（简称"台军"）大致经历六个发展阶段。一是1949年至1969年为依美建军阶段。主要依赖美国的军事援助，并在美国军事顾问督导下进行全面整顿和改编，作战训练接受美军指导。二是1969年至1979年为调整过渡阶段。继续争取美援的同时，在武器装备上强调自行研制和仿制，在战略训练上由美台联合逐步走向独立。三是1979年至1990年为自主建军阶段。由于美台"断交"、"共同防御条约"废除，台军确立"独立自主"的建军方针，加强海空军建设，提高武器自行研制和生产能力，提高独立自主作战水平。四是1990年至2002年为"二代兵力"建设阶段。台军走质量建设道路，研制、购买大量高性能武器装备，对军队编制体制进行大幅改革，力图建设一支现代化军队。五是 2002 年至 2016 年为转型阶段。以"军事事务革新"理念为指导，以"国防二法""精进案""精粹案"实施为标志，重点改革军事体制、指挥体制和部队体制，进一步精简部队员额至21.5 万人，并推动"全募兵制"。六是 2016 年至今为重点建军阶段。强化防务自主，推进"国舰国造"和"国机国造"，发展"不对称战力"，调整扩充后备力量。2024 年 1 月 1 日起，台军义务役由 4 个月延长至 1 年制。

台湾军队长期实行军政、军令分立的二元体制。2002 年 3 月正式实施"国防法"和"国防部组织法"，确立"一元领导、文人领军、三能鼎立"体制。"总统"为军队最高统帅，通过"国防部长"对军队行使统帅权；"国防部长"由文官担任，掌管"全盘国防事务"，通过军政、军令、军备三大系统领导指挥军队。参谋本部为三军联合作战指挥机构，"参谋总长"依"国防部长"命令指挥军队。陆、海、空三军"司令"，平时负责本军种建设，战时任联合作战指挥机构副指挥官。

台军由陆军、海军、空军，以及宪兵、后备、资通电、政战等部队组成，其中陆军 9.6 万余人、海军 3.2 万余人、空军 3.6 万余人、宪兵 5500 余人、后备 3600 余人、机关及直属单位 2.0 万余人，以及维持员额 2.0 万余人。目前台军已经制定逐年扩编计划，2023 年陆军完成"复编"5 个基干新训旅，组建了 2 个重要目标防护营，海、空军和宪兵部队正在陆续扩编，到 2029 年达到26.86 万人，分散部署在台澎金马 40 多个岛屿上。台湾还有一支与现役部队规模基本相当，保持一定训练水平、能够迅速动员的后备兵力。

　　台湾先进的武器装备主要依靠向美国购买，军费开支一直保持较高水平。在台财政总预算各项支出比例中始终名列首位。上世纪 50 年代占 70% 以上，60 年代占 50%，80 年代占 35% 以上。90 年代以后相对稳定，保持在 100 亿至 110 亿美元，分别占台湾地区生产总值的 5% 和财政总预算的 22%。2000 年陈水扁上台后，一步一步推动"台独"活动升级，军事预算不断增长，到 2008 年台湾军事预算占地区生产总值的比重为 2.54%。2008 年 5 月到 2016 年 5 月马英九"执政"期间，得益于两岸关系改善，台湾军事预算占地区生产总值的比重总体下降，到 2016 年为 1.87%。2016 年 5 月到 2024 年 5 月蔡英文"执政"期间，台湾军事预算 2024 年较 2016 年增长 81%。

二、军事战略

　　1949 年以来，台湾军事战略的调整和演变，大致经历"攻势战略""攻守一体""守势战略""积极防御""守势防卫"和"重层吓阻"六个时期。一是"攻势战略"时期（1949 年至 1969 年）。国民党统治集团退踞台湾初期，为防范中国人民解放军解放台湾，积极谋求美国的军事保护。美国出于围堵新中国的需要，派兵协防台湾，1954 年与台湾签订军事同盟性质的"共同防御条约"。美台协防目标达成后，台湾当局在军事上提出"确保台澎金马、伺机反攻大陆"的战略方针，多次派遣小股部队和特务入窜大陆东南沿海地区，为其"反攻大陆"创造条件。二是"攻守一体"时期（1969 年至 1979 年）。1971 年，台湾当局代表被驱逐出联合国，中华人民共和国恢复在联合国的合法席位。1972 年，美国总统尼克松访华，中美关系开始解冻。在这种情况下，台湾当局虽未放弃"反攻大陆"的幻想，但也意识到依赖美军防卫台湾和武力"反攻大陆"已不切实际。因此将军事战略由"以攻为主"转向"以防为主"、战略立足点由"依美协防"转向"独立防御"，建军备战重点转到加强防御作战方面。三是"守势战略"时期（1979 年至 2000 年）。1979 年中美建交，美台"共同防御条约"被废止。随着形势变化，台湾当局虽口头上仍然表示奉行"攻守一体"军事战略，但实际上已被迫实行"守势防卫"战略。1994 年台湾当局明确将军事战略由"攻守一体"调整为"守势防卫"。四是"积极防御"时期（2000 年至 2008 年）。2000 年陈水扁上台后，力图"以武谋独""以武拒统"，提出"决战境外"指导思想，将"防卫固守、有效吓阻"战略构想调整为"有效吓阻、防卫固守"。2002 年初提出"先发制人、先制攻击"的"双先战略"，主张"阻敌彼岸、滞敌攻击"。2006 年"国防报告书"调整军事战略为"积极防卫"战略，强调建立具备吓阻效果的防卫战力。五是"守势防卫"时期（2008 年至 2016 年）。2008 年 5 月马英九上台后，放弃陈水扁时期挑衅性、攻击性的"境外决战"战略，兵力运用从"先发制人、先制攻击"调整为"后发制人、防御作战"，作战目标从"在战场上全面战胜敌人"调整为"不让敌人登陆立足"。军事战略调回"防卫固守、有效吓阻"，强调"以守势为主、以持久为要"，继续加强整军备战。六是"重层吓阻"时期（2016 年至今）。2016 年 5 月蔡英文上台后，认为马英九时期的军事战略"重防守而轻攻击"，过于消极被动，把军事战略调整为"防卫固守、重层吓阻"。以"迫使敌攻台任务失败"为目标，秉持"拒敌于彼岸、击敌于海上、毁敌于水际、歼敌于滩头"用兵方针，强调以"不对称作战"为核心。2024 年 5 月赖清德上台后，大肆渲染大陆军事威胁，加快整军备战，深化与美军事勾连，一方面延续"防卫固守、重层吓阻"军事战略，另一方面加紧掌控军队、推动对美军购、构建"全面国防体系"，进而强化"不对称战力"和"作战持续力"，妄图"以武谋独""以武拒统"。

三、政战教育

台湾当局一直非常重视军队的政战教育，将其作为凝聚军心、鼓舞士气、控制军队的重要手段。两蒋时代，军队设有"总政治作战部"，负责对军队进行思想政治控制，确保军队对当局的绝对忠诚和思想上的坚决反共。李登辉时期，出于政治上推行"台独"分裂路线的需要，对军队进行思想政治改造，强调军队"国家化"和"非党化"，导致军队出现严重的思想混乱，"不知为谁而战、为何而战"。陈水扁上台后，推行激进"台独"路线，谋求"台湾法理独立"，企图将军队打造成"谋独""护独"的支柱，在军队中大量提拔、重用亲信，变本加厉推行"去中国化""去统化"，强行灌输"台独"分裂思想。马英九上台后，将"总政治作战局"降为"政治作战局"，开展"弃独遵宪"教育，停止"台独"

思想灌输，消除"台独"思想影响，将基本信条由"为台湾而战"改为"为中华民国而战"；恢复传统政战宣教，重塑军人武德，强化"国家、责任、荣誉"和"智、信、仁、勇、严"的基本信念；仍称大陆为"主要威胁"，同时增加对大陆中性宣传，减少诬蔑丑化内容。蔡英文上台后，将台军基本信念由"为中华民国生存发展而战"调整为"为国家生存发展而战"强调"贯彻'国土主权、寸步不让，民主自由、坚守不退'的决心"，提出要"有效防卫网络战、认知战以及超限战"，并就应对"大陆威胁"强化与美军事交流。

第二章　中央对台方针政策

解决台湾问题，实现祖国完全统一，事关维护中国主权和领土完整，事关中华民族发展，事关民族根本利益和国家核心利益，是中国共产党和中国政府矢志不渝的历史使命，是全体中华儿女的共同愿望，是实现中华民族伟大复兴的必然要求。70多年来，中国共产党和中国政府为完成这一历史使命进行了不懈奋斗，提出了一系列对台方针政策，既一脉相承，又与时俱进，指导对台工作不断取得重大进展，推动了祖国统一进程。

第一节　解放台湾与和平解决台湾问题的思想

中共中央一直把解放台湾当作大事来抓，毛泽东、周恩来亲自决策，指挥实施一系列重大军事、政治、外交等方面的斗争，根据内外形势变化，先后制定武力解放台湾的计划、提出和平解放台湾的主张，并形成和平解决台湾问题的重要思想，为最终解决台湾问题不懈努力、奠定坚实基础。

一、武力解放台湾的计划

1946 年 6 月，国民党统治集团发动全面内战，随即在政治、军事、经济等方面接连挫败。1948 年底到 1949 年初，中国人民解放军取得辽沈、淮海、平津三大战役胜利后，国民党统治集团败局已定。此时，中共中央估计到国民党将把最后的落脚点放在台湾。1949 年 3 月 15 日，新华社发表题为《中国人民一定要解放台湾》的时评，首次提出了"解放台湾"的口号。4 月，人民解放军发起渡江战役，4 月 23 日解放了国民党统治中心南京。渡江战役于 6 月胜利结束后，人民解放军向全国进军，第三野战军进军福建及浙江东南部，并承担准备解放台湾的任务。9 月，中国人民政治协商会议第一届全体会议在北平（今北京）召开，通过了具有临时宪法性质的《中国人民政治协商会议共同纲领》，宣告了中华人民共和国的成立。10 月 1 日，中华人民共和国中央人民政府在北京成立。12 月，人民解放军取得进军大西南的胜利。12 月 31 日，中共中央发表《告前线将士和全国同胞书》，提出 1950 年的任务是"解放台湾、海南岛和西藏"，"完成统一中国的事业"。1950 年 5 月，人民解放军解放海南岛，并加紧进行解放台湾的准备。

1950 年 6 月 25 日，朝鲜爆发内战。美国在新中国成立之初，承认中国对台湾的主权，并有意从中国内战中脱身。但在朝鲜内战爆发的第二天，即决定派兵对朝鲜进行武装干涉，同时派遣海军第七舰队侵入台湾海峡。6 月 27 日，美国总统杜鲁门发表声明，称"已下令第七舰队阻止对台湾的任何进攻"，并提出台湾"未来地位的确定，必须等待太平洋安全的恢复、对日和约的签订或经由联合国的考虑"。美国这一侵略行径遭到中国政府和人民的强烈抗议和坚决反对。美国武装干涉朝鲜内战，特别是美国舰队侵入台湾海峡，使形势发生了重大变化。应朝鲜民主主义人民共和国请求，在美国军队越过三八线的情况下，中共中央作出了"抗美援朝、保家卫国"的决策。10月，中国人民志愿军入朝作战。由此，人民解放军的战略重点由东南转向东北，解放台湾的计划被迫推迟。

美国公然以武力阻止中国人民解放台湾，并把侵占台湾作为一项长期政策，不仅严重侵犯了中国主权和领土完整，而且在关键时刻阻挠了中国统一进程，由此产生了台湾问题。从此，为维护国家主权和领土完整、实现祖国完全统一，中国与美国进行了长期斗争。

1953年7月，朝鲜停战。但美国继续阻挠中国人民解放台湾，于当年9月与台湾当局秘密签订"军事协调谅解协定"，1954年12月2日与台湾当局签订了"共同防御条约"。这一条约的防御范围包括台湾和澎湖列岛，并可根据双方协议延伸至国民党军队防守的其他地区。12月8日，周恩来发表声明，指出所谓"共同防御条约"根本是非法的、无效的，中国人民一定要解放台湾，完成祖国的完全统一。在此期间，中共中央认为，解放台湾是"既定方针"，但"斗争是长期的"，需要时间建设强大的海军、空军；并决定解放台湾应分两个步骤，第一步是解放沿海岛屿，第二步是解放台湾本岛。

二、和平解放台湾的主张

1955 年，国际形势趋于缓和，中国大陆正在进行社会主义改造和第一个五年计划的经济建设。根据国内外形势的发展变化，中共中央开始考虑用和平方式解放台湾，并从两个方面开展工作。一是敦促美国政府与中国政府谈判。1955 年 4 月，周恩来率中国代表团出席亚非会议（"万隆会议"）期间发表声明指出："中国人民同美国人民是友好的。中国人民不要同美国打仗。中国政府愿意同美国政府坐下来谈判，讨论和缓远东紧张局势问题，特别是和缓台湾地区紧张局势问题。"这一声明得到美方响应。8 月，中美大使级会谈在日内瓦举行。二是向台湾当局提出和平解放台湾的倡议。1955 年 5 月，周恩来在全国人大常委会第 15 次扩大会议上宣布："中国人民解放台湾有两种可能的方式，即战争的方式和和平的方式。中国人民愿意在可能的条件下，争取用和平的方式解放台湾。"这是中国共产党和中国政府第一次公开提出和平解放台湾的主张。

1956 年，中国共产党和中国政府进一步提出国共两党进行第三次合作，通过谈判和平解放台湾。1 月，毛泽东在最高国务会议上说："古人有言，不咎既往。只要现在爱国，国内国外一切可以团结的人都团结起来，为我们的共同目标奋斗。"毛泽东还说："国共已经合作了两次，我们还准备进行第三次合作。"9 月，党的八大报告申明："我们愿意用和平谈判的方式，使台湾重新回归祖国的怀抱，而避免使用武力。如果不得已而使用武力，那是在和平谈判丧失可能性，或者是在和平谈判失败以后。"当年，毛泽东、周恩来亲自做促成同国民党和平谈判的工作，多次请有关人士向国民党转达和平谈判的主张，其中提出了意义重大的原则和政策：爱国一家，国共两党进行第三次合作。我们对台湾绝不是招降，而是要彼此商谈。台湾只要同美国断绝关系归还祖国，只要政权统一，其他一切都好办，都可以坐下来共同商量安排；台湾一切可照旧，可以实行三民主义，可以同大陆通商，可以派代表参加人民代表大会和政协全国委员会；台湾"何时进行民主改革和社会主义改造，则要取得蒋先生的同意后才做"。

三、和平解决台湾问题的思想

上世纪 50 年代中后期，美国政府一面加强对台湾的军事援助，一面加紧制造"两个中国"；台湾当局一面需要美国的庇护，另一面仍图谋"反攻大陆"，既不愿接受美国"两个中国"的主张，也拒绝与中共进行和平谈判。从 1957 年起，美国拖延直至中断中美大使级会谈，同时纵容台湾当局骚扰破坏大陆沿海地区，使台湾海峡形势再次紧张起来。1958 年夏天，美国出兵黎巴嫩，英国出兵约旦，中东局势骤然紧张。同时，台湾当局乘机向大陆进行军事挑衅，使得台海形势更趋紧张。在这种错综复杂的形势下，中共中央 8 月 17 日决定炮击金门，以此支持中东人民解放斗争，教训美国，严惩台湾当局的军事挑衅。8 月 23 日，人民解放军以猛烈炮火轰击金门，震惊了整个世界，牵动了国际战略格局。

人民解放军炮击金门后，基本封锁了金门岛，切断了金门的海上补给线。美国一面调动军舰和飞机向台湾海峡集结、准备协防金门和马祖，另一面要求恢复中美大使级会谈。9 月上旬，美国派军舰为向金门提供补给的国民党运输船队护航失败后，要求台湾当局从金门、马祖撤军，甚至公开宣布美国没有、也不想承担保卫金、马等岛屿的法律义务。美国对金、马的政策从"协防"转为"脱身"，目的是以此换取冻结台湾海峡局面，从而制造"两个中国"。台湾当局为保住金门、马祖这两个"反攻大陆"的桥头堡，同时也为避免影响士气和政权稳定，不愿放弃金、马，还摆出一副不惜一切死守金门的强硬姿态。美台双方在金、马撤军问题上的争执愈演愈烈，矛盾上升。

这时，毛泽东综观美国在金门炮战中的表现以及美台在金门、马祖撤军问题上的矛盾，为维护国家和民族根本利益，从有利于最终解决台湾问题出发，抓住蒋介石也反对"两个中国"这一条件，挫败美国制造"两个中国"的图谋，考虑将金、马留在蒋介石手里，并通过金、马保持与国民党的接触，继续争取与国民党通过谈判和平解决台湾问题。10 月 3 日，毛泽东主持召开中共中央政治局常委扩大会议，决定"让金、马留在蒋介石手里"。这一决策意味着中共中央将原定先收复金门、马祖再解放台湾的"两步走"，调整为"一揽子解决"台、澎、金、马问题。根据新的决策，中共中央决定暂时停止炮击金门，以没有美国军舰护航为条件，允许国民党军队运输供应品。

10 月 6 日、13 日、25 日，《人民日报》相继发表由毛泽东起草、以国防部长彭德怀名义发布的《告台湾同胞书》《国防部命令》《再告台湾同胞书》，陆续宣布对金门暂停炮击 7 天、两个星期、

单（日）打双（日）不打，同时阐述了原则立场和政策主张，主要
是：第一，坚持一个中国是国共两党共同的立场。《告台湾同胞书》
指出："台、澎、金、马是中国领土，这一点你们是同意的，见之
于你们领导人的文告，确实不是美国领土。台、澎、金、马是中
国的一部分，不是另一个国家。世界上只有一个中国，没有两个
中国。这一点，也是你们同意的，见之于你们领导人的文告。"《再
告台湾同胞书》指出："世界上只有一个中国，没有两个中国，这
一点我们是一致的。"第二，反对美国制造"两个中国"。《国防部
命令》指出：炮击金门再停两星期，"使金门军民同胞得到充分补
给"，"以利他们固守"，这是为了对付美国人的，是民族大义。《再
告台湾同胞书》指出："美国人强迫制造两个中国的伎俩，全中国
人民，包括你们和海外侨胞在内，是绝对不容许其实现的。"第三，
国共两党举行谈判，和平解决台湾问题。《告台湾同胞书》指出：
"建议举行谈判，实行和平解决。"《再告台湾同胞书》指出："中国
人的事只能由我们中国人自己解决。一时难以解决，可以从长商
议。"第四，解决台湾问题是中国的内政，不受外国干涉。《国防
部命令》指出："台、澎、金、马整个地收复回来，完成祖国统一，
这是我们六亿五千万人民的神圣任务。这是中国内政，外人无权
过问，联合国也无权过问。"

中共中央决定暂停炮击金门后，毛泽东于 10 月 13 日约见有
关人士，请其向台方转达和平解决台湾问题的主张。毛泽东谈道：
"只要蒋氏父子能抵制美国，我们可以同他们合作。""只要不同美
国搞在一起，台、澎、金、马都可由蒋管，可管多少年，但要让

通航，不要来大陆搞特务。""他们同美国的连理枝解散，同大陆连起来，枝连起来，根还是你的，可以活下去，可以搞你那一套。"台湾可以"照他们自己的方式生活"。如果美国断绝对台湾的援助，"我们全部供应。他的军队可以保存，我们不压迫他裁兵，不要他简政，让他搞三民主义"。"他不来白色特务，我们也不去红色特务。"毛泽东这次谈话丰富和发展了和平解决台湾问题的思想，涵盖关于社会制度、军队、财政、经济、生活方式等方面的政策主张。

中共中央在指挥炮击金门中集政治、军事、外交斗争于一体，挫败了美国搞"划峡而治"、制造"两个中国"的图谋，惩罚了台湾当局的军事挑衅，还推动恢复了被美国单方面中断的中美大使级会谈；同时第一次指出国共两党都认为世界上只有一个中国、没有两个中国，推动台湾当局坚持一个中国立场、进行和平谈判。炮击金门取得的重大成果，对两岸关系产生了重大、深远的积极影响。毛泽东在炮击金门期间提出的一系列和平解决台湾问题的重要原则和政策主张，为争取祖国完全统一提供了宝贵的思想财富。

炮击金门以后，中共中央在推动对台工作的过程中，进一步提出有关的重要原则和政策主张，进一步争取实现国共两党谈判。1960年5月22日，毛泽东主持召开中共中央政治局常委会议，研究对台工作，认为台湾宁可放在蒋氏父子手里，不可落到美国人手中；对蒋介石我们可以等待，解放台湾的任务不一定要我们这一代完成，可以留交下一代人去办；现在要蒋过来也有困难，逐步地创造些条件，一旦时机成熟就好办了。5 月 24 日，周恩来将毛泽东关于和平解决台湾问题思想的要点概括为"一纲四目"。"一纲"即台湾必须统一于中国。"四目"为：1. 台湾回归祖国后，除外交必须统一于中央外，所有军政大权、人事安排等悉委于蒋（介石），陈诚、蒋经国亦悉由蒋意重用。2. 所有军政及建设经费不足之数，悉由中央拨付。3. 台湾的社会改革可以从缓，必俟条件成熟并征得蒋之同意后进行。4. 互约不派特务，不做破坏对方团结之举。1961 年 6 月 13 日，毛泽东会见印尼总统苏加诺谈到如果台湾回归祖国时说，台湾社会制度问题可以留待以后谈，"我们容许台湾保持原来的社会制度，等台湾人民自己来解决这个问题"。1963 年 1 月，周恩来请张治中致函陈诚，将"一纲四目"告知台湾当局。

以毛泽东为核心的党的第一代中央领导集体为解决台湾问题、完成祖国统一大业建立了丰功伟绩——进行了解放台湾的准备和斗争，粉碎了台湾当局"反攻大陆"的图谋，挫败了美国制造"两个中国"的图谋，提出了和平解决台湾问题的重要思想、基本原则和政策主张。在中国与外国建立外交关系中，争取了外国政府承认一个中国原则；尤其在上世纪 70 年代初，推动了中美关系正常化的进程，争取联合国恢复了中华人民共和国的席位和一切合法权利，实现了中国与日本建交，促成了国际社会承认一个中国的局面，为解决台湾问题创造了不可或缺的条件。

第二节 "和平统一、一国两制"基本方针

20 世纪 70 年代末，国内国际形势发生了深刻变化。1978 年 12 月，中共十一届三中全会决定将党和国家工作中心转移到经济建设上来，并实行改革开放。这一历史性决策决定了党和国家各项工作的方针和政策。同月，中国和美国决定自 1979 年 1 月 1 日起建立外交关系。美国承认中华人民共和国政府是中国唯一合法政府，并承认中国的立场，即只有一个中国，台湾是中国的一部分；同时美国断绝与台湾当局的所谓"外交关系"、废除美台"共同防御条约"、从台湾撤军。在上述时代背景下，以邓小平为核心的党的第二代中央领导集体从国家和民族的根本利益出发，在毛泽东、周恩来关于争取和平解决台湾问题思想的基础上，确立了争取祖国和平统一的大政方针，创造性地提出了"一个国家、两种制度"的科学构想。在此基础上，中国共产党和中国政府逐步形成了"和平统一、一国两制"的基本方针。

一、祖国和平统一大政方针的确定和"一国两制"科学构想的形成

邓小平 1977 年 7 月重新担任中央党政军重要领导职务以后，在综合考虑党和国家工作的根本任务、基本思路、发展战略中，形成了和平解决台湾问题、实现祖国和平统一的战略思想，包括后来概括为"一个国家、两种制度"的科学构想。他在会见美国等外国人士时多次表示：我们力争通过和平方式解决台湾问题，实现

和平统一。在解决台湾问题时，会考虑台湾的实际情况，尊重台湾的现实，采取恰当的政策。比如，会照顾到台湾的社会制度同我们的社会制度不同这个特殊问题，台湾可以保留它的资本主义制度。台湾的生活方式可以不动，美国、日本在台湾的投资可以不动。1978年12月，中共十一届三中全会公报提及解决台湾问题时，使用了"台湾回到祖国怀抱，实现统一大业"的提法，而没有使用"解放台湾"的提法。1979年元旦，全国人大常委会发表《告台湾同胞书》，郑重宣示了争取祖国和平统一的大政方针，两岸关系发展由此揭开新的历史篇章。

《告台湾同胞书》是新的历史条件下中国共产党和中国政府对台方针政策的重要宣示。《告台湾同胞书》明确提出，实现中国的统一，是人心所向，大势所趋；一定要考虑现实情况，完成祖国统一的大业，在解决统一问题时尊重台湾现状和台湾各界人士的意见，采取合情合理的政策和办法，不使台湾人民蒙受损失。《告台湾同胞书》明确提出，我们寄希望于台湾人民，也寄希望于台湾当局。《告台湾同胞书》明确倡议，通过商谈结束台湾海峡军事对峙状态，撤除阻隔两岸同胞交往的藩篱，推动自由往来，实现通航、通邮、通商，开展经济文化交流。《告台湾同胞书》的发表，标志着解决台湾问题的理论和实践进入了一个新的历史时期。

1981年9月30日，全国人大常委会委员长叶剑英发表谈话，进一步阐述实现和平统一的九条方针政策（后被称为"叶九条"）。其要点是：1. 建议举行中国共产党和中国国民党两党对等谈判，实行第三次国共合作。2. 提出"通邮、通商、通航、探亲、旅游

以及开展学术、文化、体育交流"的主张。3. 提出国家统一后，
"台湾可作为特别行政区，享有高度的自治权，并可保留军队"，
"台湾现行社会、经济制度不变，生活方式不变，同外国的经济、
文化关系不变，私人财产、房屋、土地、企业所有权、合法继承
权和外国投资不受侵犯"。4. 提出"台湾当局和各界代表人士，可
担任全国性政治机构的领导职务，参与国家管理"。"叶九条"是
中国共产党和中国政府对台方针政策的深化与发展。1982 年 1 月
11 日，邓小平说："九条方针是以叶副主席的名义提出来的，实际
上就是一个国家，两种制度。"这是邓小平首次提出"一个国家，
两种制度"的概念。

1982 年 12 月，第五届全国人大第五次会议通过《中华人民
共和国宪法》，其中第 31 条规定："国家在必要时得设立特别行政
区。在特别行政区内实行的制度按照具体情况由全国人民代表大
会以法律规定。"这为"一国两制"提供了宪法保证。

1983 年 6 月 26 日，邓小平会见美籍华人学者时，进一步阐
述了中国大陆和台湾和平统一的设想（后被称为"邓六条"）。其
要点是：1. 解决台湾问题的"核心是祖国统一"。和平统一已成为
国共两党的共同语言。希望国共两党共同完成民族统一，大家都
对中华民族作出贡献。2. 不赞成台湾"完全自治"的提法。自治
不能没有限度，既有限度就不能"完全"。"完全自治"就是"两
个中国"，而不是"一个中国"。制度可以不同，但在国际上代表
中国的，只能是中华人民共和国。3. 祖国统一后，台湾作为特别
行政区，可以有其他省市自治区所没有而为自己所独有的某些权

力，条件是不能损害统一的国家的利益。台湾特别行政区可以实行同大陆不同的制度，司法独立，终审权不须到北京；可以有自己的军队，只是不能构成对大陆的威胁；自己管理台湾的党政军等系统。大陆不派人去台，不仅军队不去，行政人员也不去。中央政府还要给台湾留出名额。4. 和平统一不是大陆把台湾吃掉，也不是台湾把大陆吃掉。所谓"三民主义统一中国"是不现实的。5. 实现统一的适当方式是举行国共两党平等会谈，实行第三次国共合作，而不提中央与地方谈判。6. 万万不可让外国插手，那样只能意味着中国还未独立，后患无穷。"邓六条"丰富、充实了和平统一方针和"一国两制"构想，使之更加系统化、具体化。

二、"一国两制"的精神实质

邓小平是"一国两制"构想的创立者和倡导者，"一国两制"构想是邓小平理论的重要组成部分。"一国两制"构想最初是为解决台湾问题提出的，后来首先运用于解决香港问题、澳门问题。这一实践的成功证明，用"一国两制"方式完成祖国统一大业是正确的、可行的。

"一国两制"构想的基本内容是，在祖国统一的前提下，国家的主体坚持社会主义制度，同时在台湾、香港、澳门保持原有的资本主义制度和生活方式长期不变。这一构想，既体现了实现祖国统一、维护国家主权的原则性，又充分考虑台湾、香港、澳门的历史和现实，体现了高度的灵活性，是大陆和台湾统一的最佳方式。

第一，体现了实现祖国统一、维护国家主权的原则性。按照"一国两制"方式和平解决台湾问题的原则性是，一定要实现大陆和台湾的统一，一定要坚持一个中国原则。邓小平指出解决台湾问题的"核心是祖国统一"。他强调："总的要求就是一条——一个中国，不是两个中国，爱国一家。"实现两岸统一，坚持一个中国原则，确保台湾是中国领土一部分的地位不被改变，确保国家主权和领土完整，这就维护了民族根本利益和国家核心利益。

第二，体现了充分考虑台湾历史和现实的高度灵活性。1949年以后，台湾实行与大陆完全不同的资本主义制度，形成不同的生活方式。在这种情况下实现两岸和平统一，就要面对两岸社会制度和生活方式不同的现实。邓小平说："世界上有许多争端，总要找个解决问题的出路。我多年来一直在想，找个什么办法，不用战争手段而用和平方式，来解决这种问题。"邓小平还说："解决台湾问题，既要符合大陆的利益，也要符合台湾的利益。"用"一国两制"方式和平解决台湾问题，尊重台湾的社会制度和生活方式，台湾与大陆统一后，在祖国统一的前提下，各自仍然实行不同的社会制度，台湾保持自己的生活方式，并且高度自治。这就在维护民族根本利益和国家核心利益的前提下，照顾了各方利益，找到了在两岸社会制度不同的情况下能够用和平方式实现统一的办法。

三、"和平统一、一国两制"基本方针主要内容

祖国和平统一方针确定和"一国两制"构想形成后，经过对

台工作实践，也经过解决香港问题、澳门问题的实践，内涵大大丰富了。在此基础上，中国共产党和中国政府逐步确立了"和平统一、一国两制"基本方针，形成一个完整的体系。

"和平统一、一国两制"基本方针的精神是：从维护民族根本利益和国家核心利益出发，争取用"一国两制"方式实现大陆和台湾和平统一。坚持一个中国原则，开展两岸交流合作，推动两岸协商谈判，发展两岸关系，反对各种分裂图谋和外国势力干涉，为实现和平统一创造条件。这一方针的主要内容是：

（一）一个中国。坚持一个中国原则，是发展两岸关系和实现和平统一的基础。坚决反对任何制造"台湾独立""两个中国""一中一台"的分裂图谋。

（二）两制并存。在祖国统一的前提下，国家的主体坚持社会主义制度，同时在台湾保持原有的社会制度和生活方式长期不变。

（三）高度自治。两岸统一后，台湾作为特别行政区有高度的自治权，台湾同胞的切身利益将得到充分保障，真正实现当家作主的夙愿，并且更加广泛、直接地参与管理国家事务。

（四）积极促进两岸人员往来和经济、文化等各方面交流与合作，努力争取实现两岸直接"三通"，增进两岸同胞相互了解和彼此感情，密切两岸经济、文化、社会联系。

（五）争取通过谈判实现和平统一。关于谈判方式的主张，上世纪 80 年代是举行国共两党平等谈判；90 年代初，根据 80 年代中后期台湾社会、政治发生的变化，发展为在一个中国原则基础上以适当方式进行两岸谈判。

（六）台湾同胞是发展两岸关系的重要力量。解决台湾问题，实现和平统一，寄希望于台湾人民。

（七）尽最大努力争取和平统一，但不承诺放弃使用武力。解决台湾问题是中国的内政，中国政府有权自主决定采取什么方式。用和平方式实现统一，有利于大陆改革开放和现代化建设，有利于两岸同胞感情融合和台湾繁荣稳定，也有利于亚太地区和平稳定。同时，为抵制外国势力干涉中国统一，制止"台独"等各种分裂图谋，防止和平统一可能性完全丧失，不能承诺放弃使用武力。不承诺放弃使用武力，不是针对台湾同胞的。

（八）坚决反对"台湾独立"的分裂图谋，决不允许任何人以任何方式把台湾从中国分割出去。

（九）解决台湾问题是中国内政，任何国家无权干涉。

（十）集中力量搞好经济建设，是解决国际国内问题的基础，也是实现祖国完全统一的基础。中国解决所有问题的关键靠自己的发展。解决台湾问题、实现祖国统一，归根到底还是要把自己的事情办好。

第三节　发展两岸关系、推进祖国和平统一进程的八项主张

20 世纪末，台湾海峡两岸的矛盾分歧，由意识形态、中国代表权之争为主转向分裂与反分裂、"台独"与反"台独"之争为主。面对纷繁复杂的形势，党的第三代中央领导集体坚定捍卫国家主

权与领土完整，坚决进行反分裂、反"台独"斗争，进一步拓展两岸协商谈判，推动两岸关系取得新的突破。

一、对台工作面临新形势

1989 年 6 月，中国共产党十三届四中全会选举产生了以江泽民为核心的党的第三代中央领导集体。中共十三届四中全会公报指出："中国共产党十一届三中全会以后，提出了和平统一祖国的方针和一个国家、两种制度的构想，这是我们的基本政策。"1992 年 10 月，中国共产党召开第十四次全国代表大会。党的十四大报告，把"一个国家、两种制度"的创造性构想列为有中国特色社会主义理论的主要内容之一，强调"我们坚定不移地按照'和平统一、一国两制'的方针，积极促进祖国统一"。

进入上世纪 90 年代，台海形势出现两方面显著特点。一方面，1949 年以来的两岸同胞隔绝状态自 1987 年底被打破以后，两岸民间交往随之兴起。海峡两岸关系协会与台湾海峡交流基金会 1992 年开始进行商谈，1993 年 4 月举行汪辜会谈，标志着两岸关系发展迈出历史性的重要一步。另一方面，苏联解体，美国成为世界上唯一的超级大国，国际形势发生第二次世界大战结束以来最大的变化。同时，台湾局势也发生明显变化。台湾地区领导人李登辉逐步背弃一个中国原则，图谋制造"两个中国"，纵容"台独"势力发展，对两岸关系造成严重影响。

中国共产党和中国政府全面分析台湾局势和两岸关系形势，深入思考在新形势下如何继续推进对台工作。由此，江泽民提出了发展两岸关系、推进祖国和平统一进程的八项主张。

二、八项主张主要内容

1995 年 1 月 30 日，中共中央总书记、国家主席江泽民发表题为《为促进祖国统一大业的完成而继续奋斗》的重要讲话。这一讲话，精辟概括了邓小平关于"和平统一、一国两制"的思想，提出了发展两岸关系、推进祖国和平统一进程的八项主张，体现了中央对台工作大政方针的一贯性、连续性和新发展，是指导新形势下对台工作的纲领性文件。

八项主张的主要内容是：1. 坚持一个中国原则，是实现和平统一的基础和前提。坚决反对任何制造"台湾独立"的分裂行径，也反对"分裂分治""阶段性两个中国"等主张。2. 对于台湾同外国发展民间性经济、文化关系不持异议，但反对台湾以搞"两个中国""一中一台"为目的的所谓"扩大国际生存空间"的活动。3. 进行海峡两岸和平统一谈判。在一个中国的前提下，什么问题都可以谈，包括台湾当局关心的各种问题。再次郑重建议举行"正式结束两岸敌对状态、逐步实现和平统一"的谈判，提议作为第一步可以先就"在一个中国的原则下，正式结束两岸敌对状态"进行谈判，并达成协议。在此基础上，共同承担义务，维护中国的主权和领土完整，并对今后两岸关系的发展进行规划。4. 努力实现和平统一，中国人不打中国人。我们不承诺放弃使用武力，决不是针对台湾同胞，而是针对外国势力干涉中国统一和搞"台湾独立"的图谋的。5. 大力发展两岸经济交流与合作，加速实现两岸直接"三通"，以利于两岸经济共同繁荣，造福整个中华民族。6. 两岸同胞要共同继承和发扬中华文化的优秀传统。7. 充分尊重台湾同胞的生活方式和当家作主的愿望，保护台湾同胞一切正当权益。欢迎台湾各党派、各界人士，同我们交换有关两岸关系与和平统一的意见，也欢迎他们前来参观、访问。8. 欢迎台湾当局领导人以适当身份前来访问，我们也愿意接受台湾方面的邀请前往台湾。

三、八项主张丰富和发展了中央对台方针政策

八项主张包含一系列新思想、新论断、新主张，丰富和发展了中央对台工作大政方针和主要政策。

（一）丰富了坚持一个中国原则的思想。强调坚持一个中国原则是实现和平统一的基础和前提。

（二）提出了不承诺放弃使用武力的针对性。指出不承诺放弃使用武力，决不是针对台湾同胞，而是针对外国势力干涉中国统一和"台独"图谋的。

（三）发展了两岸谈判的思想。正式提出"海峡两岸和平统一谈判"。创造性地提出分步骤进行谈判，第一步先谈"在一个中国的原则下，正式结束两岸敌对状态"。

（四）赋予了两岸经济文化交流新的含义。提出发展两岸经济交流与合作，以利于两岸经济共同繁荣，造福整个中华民族。指出中华文化是维系全体中国人的精神纽带，也是实现和平统一的一个重要基础。

（五）深化了寄希望于台湾人民的思想。提出"台湾同胞，不论是台湾省籍还是其他省籍，都是中国人，都是骨肉同胞、手足兄弟"。要求"我们党和政府各部门，包括驻外机构，要加强与台湾同胞的联系，倾听他们的意见和要求，关心他们的利益，尽可能帮助他们解决困难"。

（六）表明了不赞成在国际场合进行两岸领导人会晤的态度。指出"中国人的事我们自己办，不需要借助任何国际场合"。

第四节　20世纪90年代后期至21世纪初党中央对台方针政策

20世纪90年代中后期，两岸经济、文化交流和人员往来持续扩大，国际社会普遍承认一个中国的格局愈益巩固。同时，李登辉在分裂祖国的道路上越走越远，直至提出"两国论"的分裂主张；"台独"思潮蔓延，"台独"势力坐大、活动猖獗。2000年5月民进党在台湾"执政"后，推动"台独"活动升级，致使台海形势紧张动荡。中国共产党和中国政府采取坚决措施，维护统一、反对分裂，推动两岸关系向前发展。

一、提出一系列新的重要论断和主张

面对新的形势，以江泽民为核心的党的第三代中央领导集体提出一系列新的重要论断和主张，丰富、发展了中央对台方针政策。

第一，强调在发展的基础上解决台湾问题。发展是硬道理，

是我们必须始终坚持的一个战略思想。解决台湾问题，完成祖国统一大业，要靠发展。要大力发展经济，增强综合国力，主要是经济实力、科技实力、军事实力，为最终解决台湾问题奠定坚实而强大的基础。

第二，提出在两岸关系中坚持一个中国原则的新表述。1998年1月26日，国务院副总理钱其琛在纪念八项主张发表三周年座谈会上说："在统一之前，在处理两岸关系事务中，特别是两岸谈判中，坚持一个中国的原则，就是坚持世界上只有一个中国，台湾是中国的一部分，中国的主权和领土完整不能分割。"2000年8月24日，钱其琛会见台湾联合报系访问团时表示："就两岸关系而言，我们主张的一个中国原则是：世界上只有一个中国，大陆和台湾同属于一个中国，中国的主权和领土完整不容分割。"

第三，强调努力争取和平统一的实现，同时加强反"台独"军事斗争准备。要制止"台独"分裂图谋，没有军事手段这一手是不行的。军事斗争准备越充分，"台独"分裂势力就越不敢轻举妄动，和平统一的希望就越大。军队要坚持不懈、扎实有效地推进军事斗争准备。

第四，将争取台湾民心提升到"是完成祖国统一的重要基础"的高度。争取台湾民心，是完成祖国统一的重要基础，不仅全党同志要做，而且要动员和组织全社会各方面力量都来做。

2002年11月，中国共产党召开第十六次全国代表大会。党的十六大报告关于对台工作的论述，针对台湾局势和两岸关系形势的新变化，提出了一个时期对台工作的指导思想和总体要求，其中包含一系列新的重要论断和主张。

第一，宣示完成祖国统一是实现中华民族伟大复兴的必然要求。指出"我们党必须坚定地站在时代潮流的前头，团结和带领全国各族人民，实现推进现代化建设、完成祖国统一、维护世界和平与促进共同发展这三大历史任务，在中国特色社会主义道路上实现中华民族的伟大复兴"。

第二，阐明坚持一个中国原则的新论述。将"世界上只有一个中国，大陆和台湾同属一个中国，中国的主权和领土完整不容分割"的表述，首次写入党的全国代表大会报告。

第三，提出关于两岸谈判的新倡议。重申"在一个中国的前提下，什么问题都可以谈"，具体提出"可以谈正式结束两岸敌对状态问题，可以谈台湾地区在国际上与其身份相适应的经济文化社会活动空间问题，也可以谈台湾当局的政治地位等问题"。

第四，阐述了按照"一国两制"实现和平统一将充分维护和增进台湾同胞福祉的内涵。指出两岸统一后，台湾可以保持原有的社会制度不变，高度自治；台湾同胞的生活方式不变，切身利益得到充分保障，永享太平；台湾经济将真正以祖国大陆为腹地，获得广阔的发展空间。台湾同胞可以同大陆同胞一道，行使管理国家的权利，共享伟大祖国在国际上的尊严和荣誉。

第五，表达了坚决遏制"台独"等分裂图谋的坚定态度。强调维护祖国统一事关中华民族的根本利益，中国人民将义无反顾地捍卫国家主权和领土完整，绝不允许任何人以任何方式把台湾从中国分割出去。

二、制定《反分裂国家法》

陈水扁 2000 年上台后，顽固坚持"台独"分裂立场，2002 年 8 月抛出两岸"一边一国"的分裂主张，2003 年提出"催生台湾新宪法"的时间表，2004 年连任后开始推动"宪政改造"、谋求"台湾法理独立"，"台独"现实危险性明显上升。

中共中央客观、全面、辩证地分析台海形势，作出关于对台工作的一系列决策和部署，强调继续以最大诚意、尽最大努力争取和平统一的前景，同时绝不允许"台独"分裂势力以任何名义任何方式把台湾从中国分割出去。制定《反分裂国家法》即为中央决策部署中的一项重大决定。

"台独"分裂是祖国统一的最大障碍，是民族复兴的严重隐患。面对"台独"活动猖獗、"台独"现实危险性上升，广大人民群众、社会各界人士和香港同胞、澳门同胞、海外侨胞要求以法律手段反对和遏制"台独"分裂图谋的呼声越来越高。2003 年 11 月，中共中央作出了制定反分裂国家特别法这一重大部署。经过一年的起草工作和多方征求意见，这部法律草案由全国人大常委会会议认真审议后，提交 2005 年 3 月召开的十届全国人大三次会议审议。

在十届全国人大三次会议审议《反分裂国家法（草案）》前夕，2005 年 3 月 4 日，胡锦涛在参加全国政协十届三次会议民革、台盟、台联委员联组会时发表重要讲话，概括了台海形势及其最新发展，阐述了对两岸关系重大问题的看法，提出了新形势下发展两岸关系的四点意见——坚持一个中国原则决不动摇，争取和平统一的努力决不放弃，贯彻寄希望于台湾人民的方针决不改变，反对"台独"分裂活动决不妥协。这四点意见，丰富了中央关于对台工作指导原则的内涵，对做好对台工作具有重大指导意义。

2005年3月14日，十届全国人大三次会议表决《反分裂国家法》时，在没有反对票的情况下，以极高票数通过了这部法律。

《反分裂国家法》共计十条，主要由四部分内容构成。

第一部分，关于立法宗旨和适用范围。《反分裂国家法》第一条开宗明义规定：为了反对和遏制"台独"分裂势力分裂国家，促进祖国和平统一，维护台湾海峡地区和平稳定，维护国家主权和领土完整，维护中华民族的根本利益，根据宪法，制定本法。

第二部分，关于台湾问题的性质。《反分裂国家法》规定：世界上只有一个中国，大陆和台湾同属一个中国，中国的主权和领土完整不容分割。维护国家主权和领土完整是包括台湾同胞在内的全中国人民的共同义务。台湾是中国的一部分。国家绝不允许"台独"分裂势力以任何名义、任何方式把台湾从中国分裂出去。台湾问题是中国内战的遗留问题。解决台湾问题，实现祖国统一，是中国的内部事务，不受任何外国势力的干涉。完成统一祖国的大业是包括台湾同胞在内的全中国人民的神圣职责。

第三部分，关于以和平方式实现国家统一。《反分裂国家法》规定，坚持一个中国原则，是实现祖国和平统一的基础。以和平方式实现祖国统一，最符合台湾海峡两岸同胞的根本利益。国家以最大的诚意，尽最大的努力，实现和平统一。国家和平统一后，台湾可以实行不同于大陆的制度，高度自治。

《反分裂国家法》规定，国家采取下列措施，维护台湾海峡地区和平稳定，发展两岸关系：

（一）鼓励和推动两岸人员往来，增进了解，增强互信；

（二）鼓励和推动两岸经济交流与合作，直接通邮通航通商，密切两岸经济关系，互利互惠；

（三）鼓励和推动两岸教育、科技、文化、卫生、体育交流，共同弘扬中华文化的优秀传统；

（四）鼓励和推动两岸共同打击犯罪；

（五）鼓励和推动有利于维护台湾海峡地区和平稳定、发展两岸关系的其他活动。国家依法保护台湾同胞的权利和利益。

《反分裂国家法》规定，国家主张通过台湾海峡两岸平等的协商和谈判，实现和平统一。协商和谈判可以有步骤、分阶段进行，方式可以灵活多样。台湾海峡两岸可以就下列事项进行协商和谈判：

（一）正式结束两岸敌对状态；

（二）发展两岸关系的规划；

（三）和平统一的步骤和安排；

（四）台湾当局的政治地位；

（五）台湾地区在国际上与其地位相适应的活动空间；

（六）与实现和平统一有关的其他任何问题。

第四部分，关于以非和平方式制止"台独"分裂势力分裂国家。《反分裂国家法》规定："台独"分裂势力以任何名义、任何方式造成台湾从中国分裂出去的事实，或者发生将会导致台湾从中国分裂出去的重大事变，或者和平统一的可能性完全丧失，国家得采取非和平方式及其他必要措施，捍卫国家主权和领土完整。并规定：依照前款规定采取非和平方式及其他必要措施，由国务院、中央军事委员会决定和组织实施，并及时向全国人民代表大会常务委员会报告。依照本法规定采取非和平方式及其他必要措施并组织实施时，国家尽最大可能保护台湾平民和在台湾的外国人的生命财产安全和其他正当权益，减少损失；同时，国家依法保护台湾同胞在中国其他地区的权利和利益。

制定实施《反分裂国家法》，是党和国家引领两岸关系发展、推进祖国统一进程的重大战略举措，具有里程碑意义。这部重要法律，将中央对台大政方针以法律的形式确定下来，充分体现了中国共产党和中国政府、中国人民和全体中华儿女尽最大努力争取祖国和平统一的一贯主张，充分彰显了坚定捍卫国家主权和领土完整，绝不允许任何势力以任何名义任何方式把台湾从中国分裂出去的国家意志，与宪法共同构成解决台湾问题、实现祖国完全统一的根本法治基础。该法公布施行以来，在捍卫一个中国原则、反对"台独"分裂和外部势力干涉、维护台海和平稳定、推动两岸关系和平发展、推进祖国统一进程等方面已经并将持续发挥独特重大作用。

第五节　两岸关系和平发展重要思想

两岸关系和平发展重要思想是中央对台工作大政方针与时俱

进的成果，成为中央对台工作大政方针的重要组成部分，对发展两岸关系、推进祖国和平统一产生了重要影响。

2007年10月，中国共产党召开第十七次全国代表大会。党的十七大报告明确提出今后一个时期对台工作的指导思想和总体要求，强调牢牢把握两岸关系和平发展这个主题。

第一，把维护国家主权和安全、维护重要战略机遇期、维护中华民族根本利益放在第一位，明确指出当前"台独"分裂势力加紧进行分裂活动，严重危害两岸关系和平发展。两岸同胞要共同反对和遏制"台独"分裂活动。

第二，就新形势下推进对台工作、发展两岸关系提出一系列新主张、新论述，正式写入"牢牢把握两岸关系和平发展的主题"这一重大思想观点，对指导对台工作、推进两岸关系发展产生重要影响。

第三，着眼于揭露"台独"分裂势力歪曲攻击、争取广大台湾同胞理解一个中国原则，对坚持一个中国原则作了精辟概括，丰富了一个中国原则的内涵。强调"坚持一个中国原则，是两岸关系和平发展的政治基础"。1949年以来，"尽管两岸尚未统一，但大陆和台湾同属一个中国的事实从未改变。中国是两岸同胞的共同家园，两岸同胞理应携手维护好、建设好我们的共同家园"。

第四，发展了我们党关于两岸协商谈判的主张，提出"在一个中国原则的基础上，协商正式结束两岸敌对状态，达成和平协议，构建两岸关系和平发展框架，开创两岸关系和平发展新局面"。

第五，坚持以人为本的执政理念，进一步强调在对台工作中坚持"寄希望于台湾人民"的方针。郑重宣示"凡是对台湾同胞有利的事情，凡是对维护台海和平有利的事情，凡是对促进祖国和平统一有利的事情，我们都会尽最大努力做好"。

2008 年 5 月，台湾局势发生积极变化。如何进一步改善和发展两岸关系，如何开创两岸关系和平发展新局面，成为海峡两岸共同面临的重大问题。

2008 年 12 月 31 日，胡锦涛在纪念《告台湾同胞书》发表 30 周年座谈会上发表题为《携手推动两岸关系和平发展 同心实现中华民族伟大复兴》的重要讲话。这篇重要讲话的基本要点是：

（一）解决台湾问题的核心是实现祖国统一，目的是维护和确保国家主权和领土完整，追求包括台湾同胞在内的全体中华儿女的幸福，实现中华民族伟大复兴。以和平方式实现祖国统一最符合包括台湾同胞在内的中华民族根本利益，也符合求和平、谋发展、促合作的时代潮流。我们一定要以最大诚意、尽最大努力争取祖国和平统一。首先要确保两岸关系和平发展，这有利于两岸同胞加强交流合作、融洽感情，有利于两岸积累互信、解决争议，有利于两岸经济共同发展、共同繁荣，有利于维护国家主权和领土完整、实现中华民族伟大复兴。

（二）推动两岸关系和平发展，应该把坚持大陆和台湾同属一个中国作为政治基础，把深化交流合作、推进协商谈判作为重要途径，把促进两岸同胞团结奋斗作为强大动力，把反对"台独"分裂活动作为必要条件。

（三）就推动两岸关系和平发展提出六点意见：1. 恪守一个中

国，增进政治互信；2.推进经济合作，促进共同发展；3.弘扬中华文化，加强精神纽带；4.加强人员往来，扩大各界交流；5.维护国家主权，协商涉外事务；6.结束敌对状态，达成和平协议。

（四）两岸同胞是血脉相连的命运共同体。包括大陆和台湾在内的中国是两岸同胞的共同家园，两岸同胞有责任把她维护好、建设好。实现中华民族伟大复兴要靠两岸同胞共同奋斗，两岸关系和平发展新局面要靠两岸同胞共同开创，两岸关系和平发展成果由两岸同胞共同享有。我们要坚持以人为本，把"寄希望于台湾人民"的方针贯彻到各项对台工作中去，最广泛地团结台湾同胞一道推动两岸关系和平发展。

2012 年 11 月，中国共产党召开第十八次全国代表大会。党的十八大报告充分肯定对台工作和两岸关系发展取得的重大成就，提出了今后对台工作的指导思想和基本要求，确定了推动两岸关系发展的努力方向和工作目标。报告强调要坚持"和平统一、一国两制"基本方针和发展两岸关系、推进祖国和平统一进程的八项主张，全面贯彻两岸关系和平发展重要思想，将两岸关系和平发展重要思想纳入对台工作大政方针，并作为其重要组成部分。

报告指出，要继续牢牢把握两岸关系和平发展的主题，以巩固深化两岸关系和平发展的政治、经济、文化、社会基础为主要任务和目标，不断推动对台工作取得新进展。要始终坚持一个中国原则，持续推进两岸交流合作，努力促进两岸同胞团结奋斗，坚决反对"台独"分裂图谋。

报告首次把坚持"九二共识"写入党的代表大会正式文件，

表明对"九二共识"作为两岸关系和平发展政治基础重要组成部分的高度重视。提出两岸双方应增进维护一个中国框架的共同认知，加强两岸关系和平发展的制度化建设，探讨国家尚未统一特殊情况下的两岸政治关系并对此作出合情合理安排。

报告强调，两岸同胞同属中华民族，是血脉相连的命运共同体，理应相互关爱信赖，共同推进两岸关系，共同享有发展成果。凡是有利于增进两岸同胞共同福祉的事情，我们都会尽最大努力做好。我们要切实保护台湾同胞权益，团结台湾同胞维护好、建设好中华民族共同家园。

第三章　新时代党解决台湾问题的总体方略

　　党的十八大以来，习近平总书记站在党和国家事业发展全局与中华民族伟大复兴的战略高度，敏锐洞察国内外形势与台海形势新变化，深刻总结党中央对台工作大政方针及实践，丰富和发展国家统一理论与对台方针政策，形成新时代党解决台湾问题的总体方略，构成了习近平新时代中国特色社会主义思想的重要组成部分，为新时代解决台湾问题、实现祖国完全统一指明了方向。必须完整、准确、全面贯彻落实，牢牢把握两岸关系主导权和主动权，坚定不移推进祖国统一进程。

第一节　新时代党解决台湾问题的
总体方略的形成和发展

　　党的十八大以来，习近平总书记就对台工作发表一系列重要论述，作出一系列重要指示批示，提出一系列新理念新思想新战略，富有原创性和时代性。党的十九大进一步确立坚持"一国两制"和推进祖国统一的基本方略。习近平总书记在《告台湾同胞书》发表40周年纪念会上，系统宣示新时代推动两岸关系和平发

展、推进祖国和平统一进程的重大政策主张。党的十九届四中全
会明确坚持和完善"一国两制"制度体系、推进祖国和平统一。
党的十九届六中全会首次提出新时代党解决台湾问题的总体方略。
党的二十大报告提出，坚持贯彻新时代党解决台湾问题的总体方
略，牢牢把握两岸关系主导权和主动权，坚定不移推进祖国统一
大业。

一、党的十八大以来对台工作新论述新主张

实现中华民族伟大复兴中国梦，是以习近平同志为核心的
党中央提出的重大战略思想，是全国各族人民共同的奋斗目标。
习近平总书记准确把握国家发展与实现统一的辩证关系，将对台
工作与实现中华民族伟大复兴和"两个一百年"战略目标结合起
来，从民族复兴与国家发展的战略高度定位和发展两岸关系，激
发两岸同胞共谋民族复兴、共促祖国统一的历史自觉，使之成为
包括台湾同胞在内的全体中华儿女努力奋进、开辟未来的一面精
神旗帜和引领两岸关系开创新局的根本指针。

2012 年 11 月 29 日，党的十八大闭幕不久，习近平总书记在
参观《复兴之路》展览时指出，"实现中华民族伟大复兴，是中华
民族近代以来最伟大的梦想。这个梦想，凝聚了几代中国人的夙
愿，体现了中华民族和中国人民的整体利益，是每一个中华儿女
的共同期盼"。2013 年 2 月 25 日，习近平总书记会见中国国民党
荣誉主席连战一行时表示，实现中华民族伟大复兴，是中华民族
近代以来最伟大的梦想。我们真诚希望台湾同大陆一道发展，两

岸同胞共同来圆"中国梦"。

此后，习近平总书记在会见台湾客人等多个重要场合，进一步阐述了要从中华民族整体利益高度把握两岸关系大局，两岸在同心实现中华民族伟大复兴进程中完成祖国统一大业。指出推进祖国和平统一进程、完成祖国统一大业，是实现中华民族伟大复兴的必然要求；两岸是不可分割的命运共同体；实现中华民族伟大复兴，与两岸同胞前途命运息息相关；台湾的前途系于国家统一，台湾同胞的福祉离不开中华民族的强盛；民族强盛，是两岸同胞之福；民族弱乱，是两岸同胞之祸；当前，我们比以往任何时候都更加接近、更有能力实现这个伟大梦想；两岸同胞应该胸怀民族整体利益，相互扶持，不分党派，不分阶层，不分宗教，不分地域，都参与到民族复兴的进程中来，携手为实现中华民族伟大复兴的中国梦共同打拼。

二、党的十九大确立"坚持'一国两制'和推进祖国统一"的基本方略

2017 年 10 月，中国共产党召开第十九次全国代表大会。党的十九大报告在深刻总结十八大以来对台工作理论和实践创新的基础上，提出了今后一个时期对台工作的指导思想、重要理念、目标任务、原则方针和主要措施，将"坚持'一国两制'和推进祖国统一"确立为新时代坚持和发展中国特色社会主义的十四条基本方略之一，集中反映了以习近平同志为核心的党中央推进祖国统一大业的新理念新主张新要求，构成了新时代中国特色社

主义思想和基本方略的重要组成部分，对做好新时代对台工作具有重要指导意义和深远历史影响。

十九大报告宣示了对台工作的根本目标和主要任务，强调"解决台湾问题、实现祖国完全统一，是全体中华儿女共同愿望，是中华民族根本利益所在"，明确现阶段的主要任务是"推动两岸关系和平发展，推进祖国和平统一进程"。这一重要宣示体现了实现中华民族伟大复兴的必然要求，彰显了全体中华儿女追求祖国统一的坚定决心和不可撼动的民族意志。

十九大报告阐明了对台工作的基本方针和基本原则，强调"必须继续坚持'和平统一、一国两制'方针"。"一个中国原则是两岸关系的政治基础。体现一个中国原则的'九二共识'明确界定了两岸关系的根本性质，是确保两岸关系和平发展的关键"。特别指出"承认'九二共识'的历史事实，认同两岸同属一个中国，两岸双方就能开展对话，协商解决两岸同胞关心的问题，台湾任何政党和团体同大陆交往也不会存在障碍"。这为破解两岸政治僵局指明了方向，表明了我们对与台湾各党派交往的态度是开放的、标准是一致的，展现了最大善意。

十九大报告提出了对台工作的重要理念和主要措施，强调两岸同胞是命运与共的骨肉兄弟，是血浓于水的一家人。我们秉持"两岸一家亲"理念，尊重台湾现有的社会制度和台湾同胞生活方式，愿意率先同台湾同胞分享大陆发展的机遇。逐步为台湾同胞在大陆学习、创业、就业、生活提供与大陆同胞同等的待遇，增进台湾同胞福祉。推动两岸同胞共同弘扬中华文化，促进心灵契合。这体现了我们对台湾同胞因特殊历史遭遇和不同社会环境而形成的特有心态的理解和包容，以及在追求国家统一进程中对拉近两岸同胞心理距离、促进心灵契合、增进共同的国家、民族、文化认同的高度重视。

十九大报告表明了反对"台独"分裂图谋的坚定意志和鲜明态度。强调"我们有坚定的意志、充分的信心、足够的能力挫败任何形式的'台独'分裂图谋。我们绝不允许任何人、任何组织、任何政党、在任何时候、以任何形式、把任何一块中国领土从中国分裂出去"。这是我们党对历史对人民的庄严承诺和责任，在关乎国家主权和领土完整的重大原则问题上清晰画出了红线，表达了我们的坚定意志，展现了我们的战略自信。

十九大报告提出了对包括台湾同胞在内的全体中华儿女的殷切期望和伟大号召。报告最后强调"实现中华民族伟大复兴，是全体中国人共同的梦想。我们坚信，只要包括港澳台同胞在内的全体中华儿女顺应历史大势、共担民族大义，把民族命运牢牢掌握在自己手中，就一定能够共创中华民族伟大复兴的美好未来"。

三、指引新时代对台工作的纲领性讲话和坚持完善"一国两制"制度体系

2019 年 1 月 2 日，《告台湾同胞书》发表 40 周年纪念会隆重举行，习近平总书记发表了题为《为实现民族伟大复兴　推进祖国和平统一而共同奋斗》的重要讲话。习近平总书记全面回顾了新中国成立 70 年来对台工作和两岸关系的重大成就，深刻昭示了两

岸关系发展和祖国必然统一的历史大势，郑重提出了新时代坚持"一国两制"、推进祖国和平统一的重大政策主张，深刻揭示了台湾前途命运、台湾同胞福祉与民族伟大复兴的内在联系，充分体现了对台湾同胞利益福祉的关心关怀，鲜明表达了坚决反对"台独"分裂、外来干涉的严正立场，强化了两岸同胞共谋民族复兴、共促祖国和平统一的历史责任，具有划时代意义，是指引新时代对台工作的纲领性文件，是推动两岸关系克难前行，强化祖国和平统一大势的强大动力。

习近平总书记郑重提出新时代推动两岸关系和平发展、推进祖国和平统一进程重大政策主张。一是提出"携手推动民族复兴，实现和平统一目标"，强调"台湾前途在于国家统一，台湾同胞福祉系于民族复兴"，对全体中华儿女推动两岸关系和平发展、共谋中华民族伟大复兴、实现祖国和平统一发出伟大号召，提出殷切期望。二是提出"探索'两制'台湾方案，丰富和平统一实践"，倡议就两岸关系和民族未来开展广泛深入的民主协商，就推动两岸关系和平发展达成制度性安排，强调"和平统一，是平等协商、共议统一"。三是提出"坚持一个中国原则，维护和平统一前景"，强调"绝不为各种形式的'台独'分裂活动留下任何空间""不容任何外来干涉"，向岛内和国际社会明确宣示我们维护国家主权和领土完整的坚定决心和坚强意志。四是提出"深化两岸融合发展，夯实和平统一基础"，强调"中国人要帮中国人""全心全意为台湾同胞办实事、做好事、解难事"，充分体现对台湾同胞利益福祉的殷切关怀。五是提出"实现同胞心灵契合，增进和平统一认同"，强调"要共同传承中华优秀传统文化，推动其实现创造性转化、创新性发展""以正确的历史观、民族观、国家观化育后人，弘扬伟大民族精神"，为两岸同胞加强交流、实现心灵契合指明方向。

五项重大政策主张实事求是、与时俱进，具有很强针对性、极大包容性，科学回答了新时代如何推动两岸关系和平发展、团结台湾同胞共同致力于实现民族伟大复兴和祖国和平统一的时代命题，丰富了新时代坚持"一国两制"和推进祖国统一基本方略的重要内涵，指明了今后一个时期对台工作的基本思路、重点任务和前进方向。

2019 年 10 月，中共十九届四中全会召开，审议通过了《中共中央关于坚持和完善中国特色社会主义制度、推进国家治理体系和治理能力现代化若干重大问题的决定》（以下简称《决定》）。《决定》把"坚持和完善'一国两制'制度体系，推进祖国和平统一"作为坚持和完善中国特色社会主义制度、推进国家治理体系和治理能力现代化这一全党重大战略任务的重要组成部分，明确了新时代坚持和完善"一国两制"制度体系、推进祖国和平统一的目标任务，具有重大理论和实践意义。

全会深刻总结了中国共产党 70 年来矢志不渝致力实现祖国完全统一的理论和实践，指出"'一国两制'是党领导人民实现祖国和平统一的一项重要制度，是中国特色社会主义的一个伟大创举"。这一论断科学回答了新时代推进祖国和平统一的时代命题，丰富发展了国家统一理论和对台方针政策。

《决定》清晰界定了"一国两制"的完整概念，强调"必须坚持'一国'是实行'两制'的前提和基础,'两制'从属和派生于'一国'并统一于'一国'之内"。尽管海峡两岸尚未完全统一,但中国主权和领土从未分割,大陆和台湾同属一个中国的事实从未改变。在确保国家主权、安全、发展利益的前提下,和平统一后,台湾同胞的社会制度和生活方式将得到充分尊重,台湾同胞的私人财产、宗教信仰、合法权益将得到充分保障。《决定》彰显出坚持"一国两制"、推进祖国和平统一的强大制度优势,必将进一步增强"一国两制"对台湾同胞的吸引力和感召力,有利于团结争取更多台湾同胞共同致力于祖国统一大业。

四、中共十九届六中全会首次提出新时代党解决台湾问题的总体方略

2021年11月,中共十九届六中全会在北京举行。这是在中国共产党成立100周年的重要历史节点,在党领导人民胜利实现第一个百年奋斗目标、全面建成小康社会,正意气风发向第二个百年奋斗目标进军的重大历史关头,召开的一次非常重要的会议,在党的百年奋斗史上具有里程碑、历史性意义。

全会审议通过了《中共中央关于党的百年奋斗重大成就和历史经验的决议》(以下简称《决议》)。《决议》强调,解决台湾问题、实现祖国完全统一,是党矢志不渝的历史任务,是全体中华儿女的共同愿望,是实现中华民族伟大复兴的必然要求。党把握两岸关系时代变化,丰富和发展国家统一理论和对台方针政策,推动两岸关系朝着正确方向发展。习近平同志就对台工作提出一系列重要理念、重大政策主张，形成新时代党解决台湾问题的总体方略。

《决议》指出，我们推动实现 1949 年以来两岸领导人首次会晤、两岸领导人直接对话沟通。中国共产党秉持"两岸一家亲"理念，推动两岸关系和平发展，出台一系列惠及广大台胞的政策，加强两岸经济文化交流合作。2016 年以来，台湾当局加紧进行"台独"分裂活动，致使两岸关系和平发展势头受到严重冲击。我们坚持一个中国原则和"九二共识"，坚决反对"台独"分裂行径，坚决反对外部势力干涉，牢牢把握两岸关系主导权和主动权。祖国完全统一的时和势始终在我们这一边。

《决议》从党的百年征程中把握对台工作的历史方位和时代使命，展现了我们党矢志不渝解决台湾问题、实现祖国完全统一的高度战略自信和战略定力，为大力促进两岸关系和平发展、融合发展，推进祖国统一进程指明了前进方向，注入了强劲动力。

2021 年，习近平总书记在庆祝中国共产党成立 100 周年大会、纪念辛亥革命 110 周年大会上发表重要讲话，深刻揭示祖国必然统一的历史大势，郑重重申解决台湾问题、实现祖国完全统一的目标任务和大政方针，严正警告一切企图阻碍祖国统一的"台独"分裂行径和外部势力干涉图谋，广泛汇聚起推进祖国完全统一和民族伟大复兴的磅礴力量。

五、党的二十大强调坚持贯彻新时代党解决台湾问题的总体方略

2022 年 10 月，中国共产党召开第二十次全国代表大会。党的二十大报告强调，坚持贯彻新时代党解决台湾问题的总体方略，为做好新时代对台工作提供了根本遵循和行动指南，对新征程推进祖国统一进程，具有重大深远意义。

二十大报告指出解决台湾问题、实现祖国完全统一，是党矢志不渝的历史任务，是全体中华儿女的共同愿望，是实现中华民族伟大复兴的必然要求。"和平统一、一国两制"方针是实现两岸统一的最佳方式，对两岸同胞和中华民族最有利。我们坚持一个中国原则和"九二共识"，在此基础上，推进同台湾各党派、各界别、各阶层人士就两岸关系和国家统一开展广泛深入协商，共同推动两岸关系和平发展、推进祖国和平统一进程。我们坚持团结广大台湾同胞，坚定支持岛内爱国统一力量，共同把握历史大势，坚守民族大义，坚定反"独"促统。伟大祖国永远是所有爱国统一力量的坚强后盾！

二十大报告明确提出两岸同胞血脉相连，是血浓于水的一家人。我们始终尊重、关爱、造福台湾同胞，继续致力于促进两岸经济文化交流合作，深化两岸各领域融合发展，完善增进台湾同胞福祉的制度和政策，推动两岸共同弘扬中华文化，促进两岸同胞心灵契合。

习近平总书记在报告中指出，台湾是中国的台湾。解决台湾问题是中国人自己的事，要由中国人来决定。我们坚持以最大诚

意、尽最大努力争取和平统一的前景，但决不承诺放弃使用武力，保留采取一切必要措施的选项，这针对的是外部势力干涉和极少数"台独"分裂分子及其分裂活动，绝非针对广大台湾同胞。国家统一、民族复兴的历史车轮滚滚向前，祖国完全统一一定要实现，也一定能够实现！

第二节　新时代党解决台湾问题的总体方略的丰富内涵

新时代党解决台湾问题的总体方略是党中央治国理政思想在对台工作领域的集中体现，是中国共产党人解决台湾问题、实现祖国统一的最新理论成果，蕴含了习近平总书记强烈使命担当、深厚民族情怀、鲜明人民立场、宏阔历史视野、辩证战略思维、坚强斗争精神的领袖品格，内涵丰富、逻辑严密、系统完备，深刻回答了新征程推进祖国统一的根本保证、历史方位、战略思维、大政方针、政治基础、实践途径、根本动力、必然要求、外部条件、战略支撑等重大理论和实践问题，为新时代解决台湾问题，实现祖国完全统一指明了方向，必须全面准确理解和贯彻落实。

一、坚持党中央对对台工作的集中统一领导

这是统一的根本保证。中国共产党百年来坚定走在时代前列，不仅是民族独立、国家解放的领路人，也是民族复兴、国家统一的坚强领导核心。习近平总书记指出，必须坚持党的全面领导特别是党中央集中统一领导，把党的领导落实到党和国家事业各领

域各方面各环节。对台工作是党和国家事业的重要组成部分，必须把加强党中央集中统一领导落实到对台工作的各方面全过程。进一步明确做好对台工作的优势所在、关键所在、根本所在。要把握好党的全面领导与发挥各方面积极性的关系，把政治制度优势转化为对台工作效能，巩固全国一盘棋对台工作格局，为推进统一大业提供更为强大的合力。

二、坚持在中华民族伟大复兴进程中推进祖国统一

这是统一的历史方位。习近平总书记指出，民族复兴、国家统一是大势所趋、大义所在、民心所向。国家统一是中华民族走向伟大复兴的历史必然。台湾问题因民族弱乱而产生，必将随着民族复兴而解决。台湾前途在于国家统一，台湾同胞福祉系于民族复兴，两岸同胞要携手同心，共圆中国梦，共担民族复兴的责任，共享民族复兴的荣耀。进一步明确国家统一在民族复兴战略全局中的重要地位。要把握好国家统一与民族复兴的关系，把握历史大势，掌握历史主动，为推进统一大业注入更为主动的精神力量。国家统一、民族复兴的历史车轮滚滚向前，祖国完全统一一定要实现，也一定能够实现。

三、坚持在祖国大陆发展进步基础上解决台湾问题

这是统一的战略思路。习近平总书记指出，从根本上说，决定两岸关系走向的关键因素是祖国大陆发展进步。解决台湾问题的时与势始终在主张国家统一的力量这一边，两岸关系的主导权

主动权始终在祖国大陆这一边。我们要保持自身发展势头，同时采取正确政策措施做好对台工作。进一步明确解决台湾问题的必要充分条件。要把握好发展硬实力与软实力的关系，把国家和民族发展放在自己力量的基点上，办好自己的事情，持续增强对台影响力、吸引力和感召力，为推进统一大业奠定更为雄厚的基础。

四、坚持"和平统一、一国两制"基本方针

这是统一的大政方针。习近平总书记指出，我们所追求的国家统一不仅是形式上的统一，更重要的是两岸同胞的心灵契合。"和平统一、一国两制"是解决台湾问题的基本方针，也是实现两岸统一的最佳方式。我们愿意以最大诚意、尽最大努力争取和平统一的前景，因为以和平方式实现统一，对两岸同胞和全民族最有利。我们将继续团结台湾同胞，积极探索"两制"台湾方案，丰富和平统一实践。"一国两制"在台湾的具体实现形式，会充分考虑台湾现实情况，会充分吸收两岸各界意见和建议，会充分照顾到台湾同胞利益和感情。进一步明确高质量统一的内涵和形式。要把握好"一国"与"两制"的关系，坚定制度自信，在实践探索中不断开辟"一国两制"新境界，为推进统一大业提供更为完善的制度保障。

五、坚持一个中国原则和"九二共识"

这是统一的政治基础。习近平总书记指出，一个中国原则是两岸关系的政治基础。体现一个中国原则的"九二共识"明确界

定了两岸关系的根本性质，是确保两岸关系和平发展的关键，对两岸建立政治互信、开展对话协商、改善和发展两岸关系发挥了不可替代的重要作用。实践充分表明，坚持一个中国原则，两岸关系就能改善和发展，台湾同胞就能受益；背离一个中国原则，就会导致两岸关系紧张动荡，损害台湾同胞切身利益。在一个中国原则和"九二共识"基础上，我们愿意同台湾各党派、团体和人士就两岸政治问题和祖国和平统一开展对话沟通，推动两岸各政党、各界别推举的代表性人士就两岸关系和民族未来开展民主协商。进一步明确共商共议统一的基础和方式。要把握好原则坚定与策略灵活的关系，坚持一个中国原则，广泛开展对话协商，为推进统一大业积累更为广泛的社会共识。

六、坚持推动两岸关系和平发展、融合发展

这是统一的实践途径。习近平总书记指出，两岸关系和平发展是维护两岸和平、促进共同发展、造福两岸同胞的正确道路，也是通向和平统一的光明大道。要坚定不移走两岸关系和平发展道路，巩固和深化两岸关系和平发展的政治、经济、文化、社会基础。两岸同胞同祖同根，血脉相连，文化相通，要致力于促进两岸经济文化交流合作，深化两岸各领域融合发展。要突出以通促融、以惠促融、以情促融，勇于探索海峡两岸融合发展新路，率先同台湾同胞分享发展机遇，提供同等待遇，扩大深化两岸交流合作，壮大中华民族经济，共同弘扬中华文化，建设两岸命运共同体。进一步明确和平统一的必由之路。要把握好和平发展、

融合发展与和平统一的关系，增强统一预期和动力，实现统一过程和目的高度统一，为推进统一大业提供更为充分的条件。

七、坚持团结台湾同胞、争取台湾民心

这是统一的根本动力。习近平总书记指出，台湾同胞是我们的骨肉天亲，我们推进两岸关系发展和祖国统一，目的是要增进同胞的亲情和福祉，实现两岸同胞对美好生活的向往。我们的对台方针政策始终致力于实现好、维护好、发展好台湾同胞利益福祉。要秉持"两岸一家亲"理念，在对台工作中贯彻好以人民为中心的发展思想，对台湾同胞一视同仁，像为大陆百姓服务那样造福台湾同胞。坚持"寄希望于台湾人民"的方针，始终尊重、关爱、造福台湾同胞，完善增进台湾同胞福祉的制度和政策，全心全意为台湾同胞办实事、做好事、解难事。只要是有利于增进两岸同胞的亲情和福祉的事，只要是有利于推动两岸关系和平发展的事，只要是有利于维护中华民族整体利益的事，两岸双方都应该尽最大努力去做，并把好事办好。两岸同胞要携手同心，共圆中华民族伟大复兴中国梦。伟大祖国是所有爱国统一力量的坚强后盾。进一步明确统一的依靠力量和精神旗帜。要把握好一致性与多样性的关系，重视人心回归，坚持不懈做台湾人民工作，为推进统一大业凝聚更为磅礴的力量。

八、坚持粉碎"台独"分裂图谋

这是统一的必然要求。习近平总书记指出，"台独"是历史

逆流，是绝路，"台独"分裂是祖国统一的最大障碍，是民族复兴的严重隐患。"台独"同台海和平稳定水火不容，当前对两岸关系和平发展的最大现实威胁是"台独"势力及其分裂活动。我们绝不允许任何人、任何组织、任何政党、在任何时候、以任何形式、把任何一块中国领土从中国分裂出去。我们有坚定的意志、充分的信心、足够的能力挫败任何形式的"台独"分裂图谋。希望更多台湾同胞认清"台独"本质与危害，为了民族大义、台湾前途和自身利益福祉，挺身而出，共同铲除"台独"祸根，携手挫败"台独"行径。进一步明确决不容忍"台独"分裂的态度和决心。要把握好治标与治本的关系，坚决打击"台独"分裂行径，廓清"台独"社会思想根源，为推进统一大业彻底清除障碍隐患。

九、坚持反对外部势力干涉

这是统一的外部条件。习近平总书记指出，台湾是中国的台湾。解决台湾问题是中国人自己的事，要由中国人来决定。坚持一个中国原则是公认的国际关系准则，是国际社会的普遍共识。台湾问题是中国的内政，事关中国核心利益和中国人民民族感情，不容任何外来干涉。任何人都不要低估中国人民捍卫国家主权和领土完整的坚强决心、坚定意志、强大能力。谁要是在一个中国问题上做文章，中国政府和中国人民绝不答应；谁要是指望中国在台湾问题上妥协退让，那是痴心妄想，只会搬起石头砸自己的脚。进一步明确台湾问题的本质和突出风险。要把握好争取国际理解支持与反对外来干涉的关系，坚决同打"台湾牌"、"以台制华"的行径作斗争，巩固国际社会坚持一个中国原则的格局，为推进统一大业营造更为有利的外部环境。

十、坚持决不承诺放弃使用武力

这是统一的战略支撑。习近平总书记指出，我们决不承诺放弃使用武力，保留采取一切必要措施的选项，这针对的是外部势力干涉和极少数"台独"分裂分子及其分裂活动，绝非针对广大台湾同胞。如果"台独"分裂势力挑衅逼迫，甚至突破红线，我们将不得不采取断然措施。进一步明确统一必须坚持两手并用，把握好和平与非和平方式的关系，始终做足做好两手准备，确保两手都过硬，为推进统一大业提供更为牢靠的手段。

第三节　新时代党解决台湾问题的总体方略的实践要求

新时代党解决台湾问题的总体方略是党的十八大以来对台工作守正创新的宝贵结晶和根本指引，引领对台工作锐意进取、克难前行，谱写了新时代伟大变革的对台篇章。

在实现中华民族伟大复兴的历史征程上，要更加紧密地团结在以习近平同志为核心的中共中央周围，深刻领会"两个确立"的决定性意义，增强"四个意识"，坚定"四个自信"，做到"两个维护"，把新时代党解决台湾问题的总体方略落实到对台工作各方面全过程，奋发有为推进祖国统一大业。

一、把握历史主动，坚定推进祖国统一进程

祖国大陆发展进步特别是经济实力、科技实力、国防实力持续增强，不仅有效遏制了"台独"分裂活动和外部势力干涉，更为两岸交流合作提供了广阔空间、带来了巨大机遇。越来越多的台湾同胞特别是台湾青年来大陆学习、创业、就业、生活，促进了两岸社会各界交往交流交融，加深了两岸同胞利益和情感联系，增进了两岸同胞文化、民族和国家认同，有力牵引着两岸关系沿着统一的正确方向不断前行。我们要发挥历史主动精神，坚定不移推进中国式现代化，完整、准确、全面贯彻新发展理念，加快构建新发展格局，推动高质量发展，把日益增长的综合实力、显著的制度优势持续转化为推进统一进程的强大动能。为体现对民族大义、同胞福祉与两岸和平的珍视，对中华民族前途命运和国家发展全局的深刻把握，彰显我们的战略信心和定力，要坚持"和平统一、一国两制"方针，以最大诚意、尽最大努力争取和平统一的前景，但决不承诺放弃使用武力，保留采取一切必要措施的选项，从根本上维护祖国和平统一的前景、推进祖国和平统一的进程。

二、增进人民福祉，深化两岸各领域融合发展

继续致力于促进两岸经济文化交流合作，深化两岸各领域融合发展，完善增进台湾同胞福祉的制度和政策，推动两岸共同弘扬中华文化，促进两岸同胞心灵契合，彰显以人民为中心的发展思想、为同胞谋福祉的不变初心。经济与文化交流合作是发展两

岸关系的"两个轮子",是促进两岸共同发展、增进同胞亲情福祉的重要渠道,要拉紧两岸同胞利益联结和情感纽带,铸牢两岸命运共同体意识。两岸各领域融合发展是和平统一的基础工程,要在探索两岸融合发展新路上迈出更大步伐,支持福建率先建设两岸融合发展示范区;支持台胞台企抓住中国式现代化带来的广阔发展空间和发展机遇,更好融入新发展格局、参与高质量发展。台湾同胞与大陆百姓共享福祉,是台胞作为中国公民的应有之义,要积极落实同等待遇,依法保障台湾同胞权益,不断提升其获得感和认同感。中华文化是两岸同胞的根和魂,是两岸关系中最天然的联结、最深沉的力量,也是最牢不可破的纽带,从根本上决定了"台独"分裂必然失败。要共同弘扬中华文化,增强中华文化认同、自信,建设共同精神家园。

三、发扬斗争精神,坚决粉碎"台独"分裂和外来干涉图谋

统一就是同"台独"分裂势力和外来干涉势力不断斗争直至最终胜利的过程。一个时期以来,台湾民进党当局坚持"台独"错误立场,拒不承认一个中国原则和"九二共识",甘为外部势力遏华棋子,不断进行谋"独"挑衅。美国大打"台湾牌",掏空一个中国原则,提升美台往来层级,加大对台售武,图谋阻挠中国统一和民族复兴进程。要增强忧患意识,坚持底线思维,敢于斗争、善于斗争,巩固拓展反分裂反干涉斗争成果,坚决挫败"台独"挑衅和外来干涉行径,坚定捍卫国家主权和领土完整,为党和国家事业发展营造稳定台海环境。

四、促进团结奋斗，携手共创祖国统一、民族复兴历史伟业

团结奋斗是中国人民创造历史伟业的必由之路。台湾同胞是中华民族的成员，是发展两岸关系、推进祖国统一的重要力量，岛内爱国统一力量更是其中的中坚力量。我们要团结广大台湾同胞，坚定支持岛内爱国统一力量，共同把握历史大势，坚守民族大义，坚定反"独"促统。两岸同胞血脉相连，是一家人。我们要始终尊重、关爱、造福台湾同胞，绵绵用力、久久为功，增进台湾同胞尤其是青少年对民族、对国家的认知和感情，加深他们对统一有好处、"台独"是绝路、外人靠不住的认识，引导他们自觉投身祖国统一和民族复兴的光辉事业。两岸的事是两岸同胞的家里事，当然也应该由家里人商量着办。我们愿意在一个中国原则和"九二共识"基础上，推进同台湾各党派、各界别、各阶层人士就两岸关系和国家统一开展广泛深入协商，共同推动两岸关系和平发展、推进祖国和平统一进程，创造全体中国人共同美好的未来。

第四章　两岸关系发展历程

　　台湾问题产生以来，台海两岸之间形成错综复杂的关系。两岸关系涵盖政治、经济、文化、社会、军事、涉外事务等各个方面，同时一直受到外部因素和国际形势的影响。70 多年来，两岸关系历经曲折，从对峙、隔绝走向交流往来，进而走向和平发展、融合发展。由于岛内政局变化，两岸之间图谋"台独"与反对"台独"、抗拒统一与促进统一的矛盾尖锐复杂，祖国统一大业在曲折中前进。

第一节　两岸对峙与隔绝（1949—1978 年）

　　在 1949 年至 1978 年长达 30 年的时间里，两岸关系处于军事对峙、政治对立和两岸同胞隔绝状态。

一、两岸军事对峙

　　1949 年至 1958 年间，两岸处于严重的军事对峙状态，多次发生大规模军事冲突。中华人民共和国成立后，人民解放军抓紧进行解放台湾的准备。国民党当局不甘失败，图谋"反攻大陆"，派飞机频繁轰炸上海、南京、广州、厦门等地，派遣武装人员窜犯东南沿海与西南边境。人民解放军 1950 年 5 月解放海南岛、舟山群岛，7 月至 11 月相继解放长江口外、浙江和福建沿海若干岛屿和珠江口外全部岛屿。1953 年 7 月朝鲜停战协议达成后，国民党空军轰炸大陆沿海地区，海军拦截大陆渔船、商船，加剧沿海军事冲突。1954 年，美国与台湾当局开始商谈所谓"共同防御条约"。中国共产党和中国政府进行了反对美台签订"共同防御条约"的斗争，宣示中国人民一定要解放台湾。当年 9 月，人民解放军对金门进行了较大规模的惩罚性炮击，以示警告。同年 12 月美台签订"共同防御条约"后，1955 年 1 月至 2 月，人民解放军先后解放一江山岛、大陈岛。至此，台湾当局控制的地区仅剩台湾、澎湖、金门、马祖等岛屿。从 1955 年 5 月到 1956 年 9 月，中国共产党提出和平解放台湾的主张，表示准备进行第三次国共合作，愿意用和平谈判的方式使台湾回归祖国，但没有得到国民党响应。1958 年夏天，在美国、英国挑起中东紧张局势的背景下，国民党当局大肆进行军事挑衅，伺机"反攻大陆"。为教训美国和台湾当局，人民解放军于 8 月 23 日炮击金门，切断了金门与台湾之间的海上补给线。随着形势的发展，特别是美、台在国民党军队是否从金门、马祖撤军问题上矛盾激化，中共中央为挫败美国搞"划峡而治"、制造"两个中国"的图谋，于 10 月初决定暂停对金门的炮击，让国民党军队继续留在金、马。炮击金门，打击了国民党当局要"反攻大陆"的嚣张气焰，也挫败了美国搞"划峡而治"、制造"两个中国"的图谋。

1959 年至 1978 年间，两岸之间发生多起军事冲突，国民党当局"反攻大陆"的图谋破产。1959 年至 1961 年，大陆连续三年发生严重的自然灾害，中苏分歧公开化，苏联单方面停止对中国的援助。国民党当局认为这是其"反攻大陆"的大好时机，从 1962 年开始，连续派遣武装特务窜犯大陆东南沿海地区，同时派军舰、飞机对大陆进行袭扰。1963 年 11 月，国民党第九次代表大会确立了所谓"反共复国总体战方略"，即将大陆视为主战场、台湾海峡为支战场，并将所谓"反共斗争"扩大到政治、经济、文化等领域。国民党当局对大陆的武装窜犯、海上袭扰持续到 1965 年，对大陆的空中袭扰持续到 60 年代末，均以失败告终。1962 年至 1965 年，大陆军民共消灭国民党当局派出的 49 股武装特务，人民解放军空军击落多架国民党军队间谍飞机。1965 年 5 月、8 月、11 月，双方海军进行了三次海战，人民解放军击沉国民党军队 5 艘军舰。此后，国民党当局逐渐把"反共复国"改为"长期目标"，更多地采取"七分政治、三分军事"的策略。1966 年，大陆开始"文化大革命"，国民党当局趁机重弹"光复大陆"的老调。1969 年，国民党第十次代表大会通过"积极策进光复大陆案"，随后掀起了新一波反共活动高潮，如派遣特务潜入大陆进行破坏活动、煽动海外华侨对大陆进行经济制裁等，但均未达到目的。1971 年以后，随着中美关系正常化进程的开始和推进，历来依靠美国军事保护和支撑的国民党当局"军事反攻大陆"的图谋随之破灭。

二、两岸双方在国际上的较量

中华人民共和国成立后，中央人民政府依据一个中国原则，陆续与社会主义国家、一批民族独立国家、一些和平中立国家建立了外交关系。台湾当局力图在国际上争夺"中国代表权"，结果节节败退。1964 年 1 月 27 日，中法建交，法国承认中华人民共和国政府是中国的唯一合法政府，并与台湾当局"断交"。这对国际社会特别对西方国家产生很大影响，被喻为"外交核爆炸"。上世纪 70 年代，新中国外交工作取得重大历史性胜利。1971 年 10 月 25 日，第 26 届联合国大会以压倒性多数通过第 2758 号决议，恢复中华人民共和国在联合国的合法席位和权利，并立即"把蒋介石的代表从联合国及其所属机构驱逐出去"。1972 年 9 月 29 日，中日建交。1979 年 1 月 1 日，中美建交。至此，国际社会形成了普遍承认一个中国的局面。同期，中华人民共和国的建交国达到 120 个，台湾当局的"邦交国"锐减到 23 个。

这一时期，两岸双方军事对峙、政治对立，在国际上激烈较量，但蒋介石、蒋经国主政的台湾当局仍能坚持一个中国的立场，坚持台湾是中国的领土，严厉打击"台独"分子及其活动，不赞成美国制造"两个中国""一中一台"，在国际上不搞"双重承认"。两岸双方在维护中国对南海诸岛、钓鱼岛的领土主权等问题上也有着一致的立场和一定的默契。

三、对峙中的两岸接触与往来

在两岸对峙、隔绝的 30 年期间，两岸经贸往来基本中断，只有大陆中药材等少数台湾不可替代或无法生产的必需品经香港中转到台湾；两岸人员几无往来，仅先后有翁文灏、卫立煌、李宗仁等一批国民党前军政人员从海外返回大陆。为争取和平解决台湾问题，中共中央曾通过中间渠道与国民党方面多次秘密接触，寻求解决台湾问题的机会和办法。

第二节　打破两岸隔绝状态（1979—1987 年）

20 世纪 70 年代末，国内国际形势发生深刻变化。中国共产党和中国政府提出了争取祖国和平统一的大政方针，台湾当局不得不作出一些回应，两岸关系开始缓和。

1979 年 1 月 1 日，全国人大常委会发表《告台湾同胞书》，郑重宣示了争取祖国和平统一的大政方针。同日，大陆方面采取停止对金门等岛屿的炮击、撤销福州军区等措施，展现缓和两岸军事对峙状态的诚意。随后，大陆方面有关部门、民主党派、人民团体纷纷发表谈话、召开会议，呼吁结束两岸隔绝状态、实现"三通"、开展人员往来、进行经济文化交流、举行和平谈判等，掀起了推动祖国和平统一进程的热潮。

面对大陆方面提出和平统一的方针政策，台湾当局一概视之为"统战阴谋"，蒋经国 1979 年 4 月 4 日提出与中共"不接触、不谈判、不妥协"（"三不政策"）；但台湾当局迫于各方压力，也不得不相应停止对大陆的炮击，采取一些有利于缓和台海紧张局势的措施。1980 年 6 月 9 日，蒋经国第一次公开提出"三民主义统一中国"的口号。1981 年 4 月，国民党十二大通过"贯彻三民主义统一中国案"。台湾当局将"反攻大陆"改为"三民主义统一中国"，仍顽固坚持反共立场和"三不政策"，严禁台湾民众讨论和平统一问题，严禁两岸民间往来交流。

随着台海形势缓和，台湾民众开始突破台湾当局的禁令，设法了解大陆情况，希望降低两岸敌意、恢复正常往来、改善两岸关系。1949 年去台军政人员希望回乡探亲，台湾工商界要求开放对大陆的贸易与投资，文化、体育等界别希望与大陆进行交流。

在两岸隔绝状态尚未打破的情况下，两岸民间交流先自海外开始。1980 年 3 月，两岸各自组队参加在美国圣安东尼奥学院举行的田径邀请赛，这是 1949 年后两岸运动员首次在国际体育赛事中同场竞技。1982 年 4 月，中央文献研究室副主任、北京大学教授胡绳等 4 名大陆学者与国民党党史馆主任、台湾大学教授秦孝仪等台湾学者，共同参加在美国芝加哥举行的辛亥革命学术研讨会，这是 1949 年后两岸具有官方背景的学术代表团首次在中国境外接触。

在这一期间，大陆方面提出的"和平统一、一国两制"主张在台湾引起强烈反响。台湾学术界、文化界、新闻界举办座谈会、研讨会，发表对两岸和平统一的看法，提出了各种主张和设想。由此，在台湾讨论两岸统一由政治禁区逐渐成为公开的议题，参与讨论的人员由民间扩展到国民党高层人士。一些主张和平统一的组织也开始成立。这些组织虽然政治背景不一，看法也不尽相同，但基本上都主张缓和两岸关系。

　　1985 年后，台湾局势急剧变化。"党外"势力抗争不断，掀起要求民主、解除"戒严"的浪潮。台湾工商界、文化界、新闻界受到大陆改革开放、经济快速发展和中英达成解决香港问题协议的影响，要求台湾当局正视这些历史性的重大变化，调整大陆政策，放松限制。为适应形势变化、维持国民党在台湾统治，蒋经国在 1986 年 3 月召开的国民党十二届三中"全会"上，提出进行"政治革新"的主张。同年 9 月，民主进步党不顾台湾当局禁令宣布成立。在这种形势下，台湾当局 1987 年 7 月解除实行了 38 年的"戒严令"，开放"党禁""报禁"。这是 1949 年以来台湾政治发生的最大变化。此后，台湾政治开始向西方政党政治转型，民主化、本土化浪潮高涨，对台湾政治走向产生重大影响，也对后来的两岸关系产生重大影响。

　　从 1986 年底开始，国民党去台老兵发起要求返乡探亲的请愿运动。这一运动持续数月，迫使台湾当局考虑调整有关政策。1987 年 10 月 14 日，国民党中常会通过了台湾居民赴大陆探亲的方案。同日，国务院有关负责人发表谈话，表示欢迎台湾当局开放台胞赴大陆探亲，保证来去自由，尽力提供方便和照顾；并要求台湾当局也允许大陆同胞到台湾探亲，采取更加积极的态度。10 月 15 日，台湾当局宣布自 11 月 2 日起，允许除现役军人和公职人员以外在大陆有血亲、姻亲、三等亲的台湾居民，可经第三地转赴大陆探亲。10 月 16 日，国务院办公厅公布了有关接待探亲台胞的办法。1987 年 11 月 2 日，第一批探亲台胞经香港来到大陆。至此，长达 38 年之久的两岸同胞隔绝状态终被打破，两岸关系进入新阶段。

第三节　两岸关系发展与反对李登辉分裂祖国的斗争
（1988—2000 年）

两岸同胞隔绝状态结束后，两岸人员往来和经济文化等领域的交流随之兴起并迅速发展，两岸双方分别授权的民间团体开始进行商谈，推动了两岸关系发展。然而，台湾地区领导人李登辉自上世纪 90 年代初开始逐步背弃一个中国原则、进行制造"两个中国"的分裂活动，引起两岸关系紧张。大陆方面开展了反对李登辉图谋制造"两个中国"分裂祖国的斗争，坚定维护中国主权和领土完整。

一、两岸民间交往和两岸事务性商谈

两岸同胞隔绝状态结束后，大陆方面热忱欢迎台湾同胞前来大陆并提供各种方便，努力推动两岸交流合作，积极争取两岸直接"三通"，呼吁进行两岸协商谈判。1992 年下半年起，台湾当局逐步放宽大陆人士赴台交流的限制，两岸人员往来人数逐步增多、层次逐步提高。同时，两岸经香港的间接贸易迅速发展，数额不断增加；台商开始经第三地对大陆间接投资，由小到大、由短期到长期、由沿海向内地扩展。两岸人民往来和经济文化交流尽管受到台湾当局政策的限制，但由于两岸同胞天然的民族、文化和感情联系，也由于大陆经济发展和市场扩大的吸引力，仍然持续

蓬勃发展。

随着两岸交往的发展，大量需要通过协商解决的问题频发，迫使台湾当局放弃早已不合时宜的"三不政策"，采取了授权民间机构与大陆有关方面进行事务性商谈的办法。1990 年 11 月 21 日，台湾当局成立海峡交流基金会（简称"台湾海基会"），授权其与大陆方面联系、商谈。大陆方面于 1991 年 12 月 16 日成立海峡两岸关系协会（简称"海协会"），授权其与台湾海基会交往、商谈。1992 年 3 月，两会开始商谈。11 月，两会达成各自以口头方式表达"海峡两岸均坚持一个中国原则"的共识（后称"九二共识"），其核心要义是"海峡两岸同属一个中国，共同努力谋求国家统一"。在此基础上，1993 年 4 月，海协会会长汪道涵与台湾海基会董事长辜振甫在新加坡举行会谈。这是 1949 年以来两岸高层人士以民间名义公开进行的最高层级会谈，标志着两岸关系发展迈出了历史性的重要一步。此后，两会商谈因李登辉 1995 年 6 月访美制造"两个中国"而中断，辜振甫 1998 年 10 月应邀来访恢复后，又因李登辉 1999 年 7 月抛出"两国论"分裂主张而再次中断。

二、反对李登辉分裂祖国的斗争

1988 年 1 月，蒋经国病逝，李登辉继任台湾地区领导人。李登辉继任初期，自身权位不稳，维持了国民党的国家统一政策和一个中国立场，多次公开表示"中国应该统一""坚持一个中国原则""没有两个中国政策"等。台湾当局于 1990 年 10 月成立"国家统一委员会"，1991 年 2 月通过"国家统一纲领"；同年 5 月宣布终止"动员戡乱时期"、废除"动员戡乱时期临时条款"。1992年7月，台湾地区"立法院"通过"台湾地区与大陆地区人民关系条例"（简称"两岸人民关系条例"），将两岸关系定位为"一国两区"。但是李登辉逐步巩固其地位后，开始背弃一个中国原则。他声称"台湾已经是个主权独立的国家，国名就是中华民国""现阶段是中华民国在台湾与中华人民共和国在大陆""中华民国与中华人民共和国为互不隶属的两个主权国家"，并自食其言说他"始终没有讲过一个中国"。李登辉还采取了一系列实际分裂步骤，主要是：对"台独"活动采取姑息纵容政策，促成海外"台独"分子回台与民进党等"台独"组织合流，使"台独"势力迅速坐大；推动以"中华民国在台湾"为中心内容的"宪政改革"，力图建立与制造"两个中国"相应的政治体制；推动"中华民国重返联合国"活动，在国际上制造"两个中国"；鼓吹"台湾生命共同体"，推动"去中国化"的"教育改革"、中小学教科书修改，制造台湾民众对大陆的误解和隔阂，削弱台湾民众特别是年轻一代的中国人意识和对中国的认同。

　　1995年6月，李登辉以所谓私人名义窜访美国，在康奈尔大学发表演讲，公开鼓吹"中华民国在台湾""在台湾的中华民国"，声称要打破"外交"上的孤立，将台湾当局在国际上制造"两个中国"的分裂活动推到高潮。中国共产党和中国政府为维护中华民族根本利益，果断从政治、军事、外交、舆论等方面开展了坚决的反分裂、反"台独"斗争。人民解放军于1995年7月、8月、11月和1996年3月在台湾海峡和台湾附近海域进行了4次大规模的军事演习，显示了反分裂、反"台独"的坚定决心和强大能力。这场斗争产生了重大深远的战略性影响。当时，民进党主席施明德不得不表示"一旦民进党执政，没有必要也不会宣布台湾独立"。绝大多数国家表示坚持一个中国政策。美国政府公开表示不支持"台湾独立"、不支持"两个中国"或"一中一台"、不支持台湾加入联合国及其他由主权国家组成的国际组织。

1999 年 7 月 9 日，李登辉在接受《德国之声》记者专访时宣称："1991 年修宪以来，已将两岸关系定位为国家与国家，至少是特殊的国与国的关系，而非一个中国内部关系。"李登辉抛出"两国论"分裂主张，彻底背弃了一个中国原则，遭到中国人民的坚决反对。中国共产党和中国政府再次从政治、军事、外交、舆论等方面开展了强有力的反对"两国论"的斗争。8、9 月间，人民解放军接连举行一系列大规模的军事演习，显示了维护国家主权和领土完整的坚强意志和巨大能力。这场斗争沉重打击了李登辉分裂势力。美国、日本、欧盟诸国等 130 多个国家重申坚持一个中国政策。台湾当局被迫表示不会依照"两国论"修改"宪法"和"法律"。李登辉与"台独"势力企图通过"制宪""修宪"实现在"中华民国"名义下把台湾从中国分割出去的图谋未能得逞。

第四节　反对陈水扁当局"台独"分裂活动的斗争
（2000—2008 年）

2000 年 3 月 18 日，岛内举行台湾地区领导人选举。在国民党出现两组候选人分散了选票的情况下，民进党候选人陈水扁以39.8%的选票当选台湾地区领导人。这是1949年以来台湾地区政权发生的最重大变动。陈水扁上台后，推动"台独"分裂活动，直至谋求"台湾法理独立"，对中国主权和领土完整构成严重的现实威胁，使两岸关系高度紧张动荡。"台独"与反"台独"是这一时期两岸关系的主要矛盾。大陆方面坚决反对陈水扁当局的"台独"活动，至2008年3月取得反"台独"斗争的胜利，推动两岸关系从紧张动荡走向和平发展。

一、"台独"分裂活动的演进

"台独"思潮和活动的产生有着多方面的复杂背景。日本对台湾殖民统治期间，推行"皇民化"运动，培植反华亲日势力。1945年日本战败投降后，日本驻台总督安藤利吉等少数军国主义分子勾结台湾汉奸，密谋策动"台湾独立"。台湾光复后，"台独"分子慑于国民党当局的严厉打击和坚决镇压，逃往日本、美国，在外国势力卵翼下继续从事"台独"活动。海外"台独"势力在上世纪50至60年代主要以日本为活动基地，60至70年代转而将美国作为活动的大本营。1966年，美国、加拿大的"台独"分子成立"全美台湾独立联盟"。70年代后期，台湾基督教长老会及党外势力中的部分人，披着"争民主、争人权"的外衣，公开打出"住民自决台湾前途"的主张，并开始与海外"台独"势力合流。

1986年民进党成立之初，是各种反国民党势力的组合，但领导权基本上被"台独"分子把持，很快即走上谋求"台独"的道路。1986 年 11 月，民进党一大通过的党纲宣称："台湾前途，应由台湾全体住民，以自由、自主、普遍、公平而平等的方式共同决定。"1987 年 11 月，民进党二大又将"台湾人民有主张台湾独立的自由"写进了大会决议。1988 年 4 月，民进党二届一次临时大会通过"四一七决议文"，宣称"本党重申：台湾国际主权独立，不属于以北京为首都之中华人民共和国。任何台湾国际地位之变更，经台湾全体住民自决同意"；"如果国共片面和谈，如果国民党出卖台湾人民利益，如果中共统一台湾，如果国民党不实行真正的民主宪政，则本党主张台湾应该独立"。1990 年 6 月，民进党炮制了所谓"民主大宪章"，提出两岸"应相互尊重国民主权及各自辖区内统治权之完整"。同年 10 月，民进党四届二次大会通过"一〇〇七决议案"，宣称"本党重申党纲自决原则及台湾主权独立，不属于中华人民共和国政府之'四一七决议文'，现进一步确认：我国事实主权不及于中国大陆及外蒙古。我国未来宪政体制及内政、外交政策，应建立在事实领土范围之上"。1991 年 8 月，民进党主导召开"人民制宪会议"，通过"台湾宪法草案"，将"国名"定为"台湾共和国"，并以"事实主权"原则规范台湾"领土"范围包括台湾本岛、澎湖列岛、金门、马祖、附属岛屿及"国家权力所及之其他地区"。10 月 13 日，民进党五大修改通过"建立主权独立自主的台湾共和国基本纲领"，确定民进党的基本纲领是"建立主权独立自主的台湾共和国"，并提出"基于国民主权原理，建立主权独立自主的台湾共和国暨制定新宪法的主张，应交由台湾全体住民以公民投票方式选择决定"。短短几年时间，民进党就成为一个极力主张"台独"的政党。

李登辉上台后，纵容"台独"势力及其活动。1990 年 6 月，李登辉召集"国是会议"，正式邀请海外"台独"分子与会，使"台独"活动变相合法化。1991 年，在美国最大的"台独"组织"台独联盟"迁回台湾，随后集体加入民进党。1992 年 5 月，台"立法院"废除"刑法"第 100 条和"国家安全法"相关条文，致使鼓吹和从事非暴力的"台独"活动合法化，导致"台独"势力迅速膨胀。

民进党成立后，在继续进行街头运动的同时，也通过选举进入"国民大会""立法院"和省市县议会，并掌握了一些县市政权。1995 年，民进党推举老牌"台独"分子彭明敏参加 1996 年的台湾地区领导人选举，遭到失败。在多次选举之后，一些民进党人士意识到主张"台独"不是赢得选举的利器，有时往往是"票房毒药"；一些民进党人士意识到由于大陆崛起和国际政治现实，"台独"不可能成功。这两种人开始主张民进党转型，调整、包装"台独"主张；有的希望改变"台独"立场，有的提出修改甚至废除"台独党纲"。但是，这些意见一直未成为民进党的主流。1999年，民进党在新一届台湾地区领导人竞选期间，为打消中间选民对其上台将破坏两岸关系的疑虑，于 5 月通过了"台湾前途决议文"，声称"台湾是一主权独立国家"，"台湾，固然依目前宪法称为中华民国，但与中华人民共和国互不隶属，任何有关独立现状的更动，都必须经由台湾全体住民以公民投票的方式决定"。民进党在

"台湾前途决议文"中虽然对以往某些主张有所包装，但实质上没有放弃"台独"立场，仍坚持"台湾是主权独立国家"的分裂主张。"台湾是中华民国"是一种借壳上市的"台独"主张。

二、反对陈水扁当局"台独"分裂活动的斗争

2000 年 5 月 20 日，民进党首次在台湾地区"执政"。陈水扁上台之初，面对内外压力，作出"不会宣布独立、不会更改国号、不会推动两国论入宪、不会推动改变现状的统独公投，也没有废除国统纲领与国统会的问题"（"四不一没有"）的承诺。但他事实上仍顽固坚持"台独"立场，拒绝接受一个中国原则，否认"九二共识"，从政治、文化、教育、对外关系等各领域全方位推动"去中国化"等"渐进式台独"活动。2002 年 8 月 3 日，陈水扁公然宣称"台湾是个主权独立的国家""台湾与对岸中国一边一国要分清楚"，抛出了"一边一国"分裂主张，彻底暴露了其顽固坚持"台独"立场的真面目。大陆方面对陈水扁抛出"一边一国"分裂主张进行了坚决斗争。

陈水扁 2003 年 9 月提出要"催生台湾新宪法"，并逐步提出 2004 年实施首次"公民投票"、2006 年"公投制宪"、2008 年正式实施"台湾新宪法"，"让台湾成为正常、完整和伟大的国家"，形成了一个走向"台独"的时间表。在民进党操弄下，台"立法院"11 月通过"公民投票法"，为"台独"势力通过"公投"进行分裂活动提供了条件。

2004 年 3 月 20 日，岛内举办新一届台湾地区领导人选举，

同时捆绑进行陈水扁当局推动的"强化国防""对等协商"两项"防御性公投"。因 3 月 19 日发生"枪击案"等因素，陈水扁在台湾地区领导人选举中以微弱多数再次当选；两项"公投"因未达到投票权人的半数均遭否决。

陈水扁连任后，继续按其既定时间表，通过推动"宪政改造"进行"台湾法理独立"活动。2006 年 2 月，陈水扁宣布终止"国统纲领"适用和"国统会"运作，彻底抛弃了他"四不一没有"的承诺。2007 年 4 月，陈水扁当局在其无法通过"宪改"炮制"新宪法"的情况下，转而策划在 2008 年 3 月新一届台湾地区领导人选举时同步举行"以台湾名义加入联合国的公投"（"入联公投"），并多次去函联合国要求"以台湾名义申请加入联合国"。在上述时期，陈水扁竭力谋求"台湾法理独立"，"台独"现实危险性明显上升，严重威胁中国主权和领土完整，严重阻碍两岸关系发展，严重危害台海地区和平稳定，使台海形势进入高危期。

针对陈水扁的"台独"冒险，中共中央作出了反"台独"斗争的重大决策部署，决定这一时期对台工作的首要任务是反对和遏制"台独"，全力阻止"台独"势力通过"宪改""公投"谋求"台湾法理独立"，维护国家主权和领土完整。中国共产党和中国政府从各个方面开展了反对和遏制"台独"活动的坚决斗争。

2005 年 3 月，十届全国人大三次会议极高票通过《反分裂国家法》，表明了中国人民坚决反对"台独"的坚强意志，给"台独"势力以强大震慑。

2005 年 4 月下旬至 5 月中旬，中共中央和胡锦涛总书记邀请中国国民党主席连战、亲民党主席宋楚瑜先后率团来访。这是中国共产党和国民党、亲民党关系史上的大事，也是两岸关系史上的大事，产生了举世瞩目的影响。在连战、宋楚瑜来访期间，胡锦涛分别与他们进行了正式会谈。在这两次会谈中，胡锦涛阐述了对两岸关系形势的基本看法，提出了要构建和平稳定发展的两岸关系，并全面阐述了发展两岸关系的主张。胡锦涛在两次会谈中分别提出四项主张，主要内容是：第一，建立政治上的互信，相互尊重，求同存异。坚持体现一个中国原则的"九二共识"，确立两岸关系和平稳定发展的共同政治基础。第二，加强经济上的交流合作，互利互惠，共同发展。推进两岸"三通"，开创两岸交流与合作的新局面。第三，早日恢复在"九二共识"基础上的两岸对话和谈判，开展平等协商，加强沟通，求同存异，扩大共识。第四，鼓励两岸同胞加强交往，增进相互理解，密切两岸同胞的感情，融合亲情。这两次会谈后分别发表的新闻公报集中反映了会谈的主要成果：一是确立了坚持"九二共识"、反对"台独"的共同政治基础；二是表达了在"九二共识"基础上早日恢复两岸对话与谈判的共同愿望，并列出了具体的协商议题；三是宣示了促进两岸人员往来和经济文化交流等方面的重要措施，涉及经济合作、直接通航、加强投资与贸易的往来与保障、解决台湾农产品在大陆销售问题、为两岸人员往来提供便利等诸多内容；四是建立了党与党交流沟通平台。7月，胡锦涛总书记会见了新党主席郁慕明率领的新党纪念抗战胜利60周年大陆访问团。

中共中央和胡锦涛总书记邀请连战、宋楚瑜来访取得重要成果，对反对和遏制"台独"、推动两岸关系朝着和平稳定方向发展起到了重要作用。尤其是胡锦涛与连战的会谈是 60 年来国共两党主要领导人的首次会谈，揭开了国共两党关系新的一页；会谈达成的"两岸和平发展共同愿景"确定坚持"九二共识"、反对"台独"是国共两党交往的共同政治基础，对此后两岸关系和平发展产生了重要作用。

2005 年 5 月以后，国共两党保持高层交往对话，开展不同层级的党务人员互访。至 2007 年底，国共两党有关方面共同举办了三届两岸经贸文化论坛，探讨了关系两岸同胞切身利益的经济、文化等重要议题，对推动两岸民间交流合作、促进两岸关系发展产生重要的积极影响。

在这一时期，广大香港同胞、澳门同胞和海外侨胞广泛开展反对"台独"分裂图谋、促进祖国和平统一的活动（反"独"促统活动）。他们通过召开座谈会、举办论坛、发表声明、网上连署、给住在国政府官员和国会议员写信等多种方式，表示坚持一个中国原则，反对"两国论""一边一国""入联公投"等各种形式的"台独"言行，维护祖国主权和领土完整，争取国际社会对中国政府关于发展两岸关系、推进和平统一方针政策的理解和支持。从 1999 年开始，80 多个国家的华侨华人和香港、澳门同胞成立了 180 多个反"独"促统组织；众多海外侨胞和港澳同胞反"独"促统组织联合举办了多次全球华侨华人推进祖国和平统一大会。港澳同胞和海外侨胞开展的反"独"促统活动，为反"台独"斗争取得胜利发挥了重要作用。

陈水扁当局推动"宪改""入联公投"等"台独"活动，严重危害台海乃至亚太地区和平稳定，遭到国际社会反对。美国、欧盟、日本及国际社会纷纷对陈水扁破坏台海地区和平稳定表示反对和谴责。

2008年3月，反对陈水扁当局"台独"活动的斗争取得决定性胜利，台湾局势发生重大的积极变化。3月22日，岛内同时举行台湾地区领导人选举和"入联公投"。在选举中国民党获胜，民进党落败，"入联公投"未达投票权人总数的半数而遭否决。民进党下台，丧失了运用政权的力量推动"台独"活动、制造"台独"重大事变的条件。国民党重新在台湾"执政"，国共两党有了在坚持"九二共识"、反对"台独"的共同基础上改善和发展两岸关系的条件。两岸关系从90年代中期以来的紧张动荡走向和平发展，出现难得的历史机遇。

第五节　开创两岸关系和平发展新局面
（2008—2016年）

2008年5月，台湾政局发生重大积极变化，两岸关系实现从紧张动荡走向和平发展的重大转折。2008年5月至2016年5月，两岸关系取得一系列突破性进展和重要成果，开创了和平发展的新局面，总体面貌发生了历史性变化。

一、两岸政治交往取得历史性突破

2015 年 11 月 7 日，中共中央总书记、国家主席习近平同台湾地区领导人马英九在新加坡举行会晤，实现了 1949 年以来两岸领导人的首次会晤。习近平在会晤时强调："我们今天坐在一起，是为了让历史悲剧不再重演，让两岸关系和平发展成果不得而复失，让两岸同胞继续开创和平安宁的生活，让我们的子孙后代共享美好的未来。面对新形势，站在两岸关系发展的新起点上，两岸双方应该胸怀民族整体利益、紧跟时代前进步伐，携手巩固两岸关系和平发展大格局，共同实现中华民族伟大复兴。"习近平指出："7 年来两岸关系能够实现和平发展，关键在于双方确立了坚持'九二共识'、反对'台独'的共同政治基础。没有这个定海神针，和平发展之舟就会遭遇惊涛骇浪，甚至彻底倾覆。'九二共识'经过两岸有关方面明确的授权认可，得到两岸民意广泛支持。'九二共识'之所以重要，在于它体现了一个中国原则，明确界定了两岸关系的性质，表明了大陆与台湾同属一个中国，两岸关系不是国与国关系，也不是'一中一台'。虽然两岸迄今尚未统一，但中国的主权和领土完整从未分裂。两岸同属一个国家、两岸同胞同属一个民族，这一历史事实和法理基础从未改变，也不可能改变。"习近平着重指出："'台独'煽动两岸同胞敌意和对立，损害国家主权和领土完整，破坏台海和平稳定，阻挠两岸关系发展，只会给两岸同胞带来深重祸害。对此，两岸同胞要团结一致，坚决反对。"马英九表示，2008 年以来，两岸共同开创和平稳定的台海局势，获得两岸及国际社会普遍赞扬，要善加珍惜。"九二共识"是实现两岸关系和平发展的政治基础，两岸要巩固"九二共识"，扩大深化交流合作，增进互利双赢，拉近两岸心理距离，对外展现两岸关系可以由海峡两岸和平处理，同心协力，为两岸下一代创造更美好的未来。

两岸领导人会晤翻开了两岸关系历史性的一页，为两岸关系发展开辟了新空间，具有里程碑意义。

二、国共两党、两岸双方建立和增进政治互信

2008 年 5 月以后，国共两党、两岸双方信守坚持"九二共识"、反对"台独"的共同立场，在此基础上建立政治互信，改善和发展两岸关系。国民党重新在台湾"执政"前夕，4 月 12 日，胡锦涛在海南博鳌会见以两岸共同市场基金会董事长名义来访的台湾地区候任副领导人萧万长，指出，当前两岸经济交流合作面临着重要的历史性机遇，需要双方共同努力，大力推进。希望两岸同胞携手努力，共同开创两岸关系和平发展新局面。4 月 29 日，胡锦涛会见来访的国民党荣誉主席连战，提出希望国共两党、两岸双方秉持"建立互信、搁置争议、求同存异、共创双赢"的精神，推动两岸关系向前发展。5 月 20 日，新任台湾地区领导人马英九在就职演说时表示，"将继续在'九二共识'的基础上，尽早恢复协商"，并秉持"'正视现实、开创未来、搁置争议、追求双赢'，寻求共同利益的平衡点"。5 月 28 日，中共中央总书记胡锦涛与应邀来访的国民党主席吴伯雄举行会谈，胡锦涛重申"国共两党和两岸双方应该共同努力，建立互信、搁置争议、求同存异、共创双赢";强调"首先要建立互信,这对推动两岸关系和平发展至关重要。反对'台独'、坚持'九二共识',是双方建立互信的根本基础。只要在这个核心问题上立场一致,其他事情都好商量"。双方就坚持"九二共识"、继续推动落实"两岸和平发展共同愿景"、促进两岸关系改善和发展,达成重要共识。此后,中国共产党和中国政府领导人多次强调反对"台独"、坚持"九二共识"是两岸关系和平发展的基础和关键,并提出要在维护一个中国框架这一原则问题上形成共同认知和一致立场。

党的十八大召开后,2013 年 6 月,中共中央总书记习近平会见国民党荣誉主席吴伯雄时表示,新一届中共中央将继续执行既定的大政方针,致力于巩固深化两岸关系和平发展;希望两党和两岸双方继续增强互信、保持良性互动,稳步推进两岸关系全面发展,巩固深化两岸关系和平发展各项基础,团结两岸同胞,共同为实现中华民族伟大复兴而努力。吴伯雄表示,坚持"九二共识"、反对"台独"是国共两党一致的立场,是两岸关系和平发展的基础;两岸各自的法规、体制都实行一个中国原则,都用一个中国架构定位两岸关系,而不是"国与国"的关系;国共两党要有共同振兴中华民族的使命感。2014 年 2 月,中共中央总书记习近平会见连战一行时表示,"希望两岸双方秉持'两岸一家亲'的理念,顺势而为,齐心协力,推动两岸关系和平发展取得更多成果,造福两岸民众"。2015 年 5 月,习近平会见国民党主席朱立伦时提出五点主张:第一,坚持"九二共识"、反对"台独"是两岸关系和平发展的政治基础,其核心是认同大陆和台湾同属一个中国。第二，深化两岸利益融合，共创两岸互利双赢，增加两岸同胞福祉，是推动两岸关系和平发展的宗旨。第三，两岸交流，归根到底是心与心的交流，最重要的是心灵沟通。第四，国共两党和两岸双方要着眼大局，本着相互尊重的精神，不仅要求同存异，更应努力聚同化异，不断增进政治互信。第五，中华民族伟大复兴需要大家一起干。马英九多次公开表示，"两岸关系不是国与国关系"，不论对内对外"都不会推动'两个中国'、'一中一台'或'台湾独立'"。这对于巩固两岸双方政治互信具有积极意义。

2008年两岸关系和平发展新局面开启后，国共两党继续保持党对党对话沟通平台，增进两党良性互动和互信，与海协会和台湾海基会协商谈判形成互补格局，为两岸各界人士参与推动两岸关系发展提供渠道。2008年至2015年共举办了七届两岸经贸文化论坛，每届论坛均取得丰硕成果，以"共同建议"形式提出一系列加强两岸各领域交流合作的政策建议和实际措施，对于推动和深化两岸关系和平发展发挥了重要作用。我有关地方党委还与台湾有关县市国民党党部开展基层政党交流，密切了两党的联系，丰富了两岸交流的形式内容。两岸双方在坚持一个中国原则的前提下，通过务实协商，妥善解决了台湾参与国际组织活动问题。2009年至2016年，中国台湾地区以"中华台北"名义、观察员身份连续8次出席世界卫生大会。2013年，中华台北民航局应邀派员作为国际民航组织理事会主席客人列席了国际民航组织大会。此外，台湾相关民间团体以适当名义和身份加入一些国际非政府组织。2009年，台湾以"台澎金马单独关税区（中国台北）"名义加入世界贸易组织政府采购协定，以"中国台北"名义和"捕鱼实体"身份参加南太平洋渔业管理和养护委员会。2010 年、2013 年，台湾以"台澎金马单独关税区"名义先后与新加坡、新西兰签署经济合作协议。

2014 年 2 月，国务院台湾事务办公室与台湾方面大陆事务委员会在确认"九二共识"政治基础上建立常态化联系沟通机制，两部门负责人实现互访、开通热线，及时就两岸关系形势和推进两岸各领域交流合作政策措施交换意见，特别是为两岸领导人会晤进行沟通和准备。这一机制强化了"九二共识"在两岸关系中的基础性地位，为双方及时管控分歧、妥善处理复杂敏感问题，推进两岸关系发展发挥了重要作用。

三、海协会与台湾海基会制度化协商取得一系列重要成果

2008 年 6 月，海协会和台湾海基会在"九二共识"基础上恢复了中断近 9 年的商谈。2008 年至 2015 年 8 月，两会先后举行了 11 次会谈，签署了 23 项协议，解决了诸多关系两岸同胞切身利益的问题，对协议范围内的两岸交往与合作作出了制度化安排，涉及大陆居民赴台旅游、海运直航、空运直航、邮政合作、食品安全、共同打击犯罪和司法互助、金融合作、渔业劳务、农产品检验与检疫、产品标准计量检测与认证、知识产权保护、经济合作、医药卫生、核电安全合作、投资保护与促进、海关合作、服务贸易、地震监测、气象合作、防治自然灾害、避免双重课税及加强税务合作、民航飞航安全与试航合作等方面。两会协商还达成大

陆企业赴台投资等多项共识。2013 年，两会开始进行互设办事机构商谈。两会协商取得的成果，促进了两岸交流合作的制度化和规范化，拓展了两岸交流合作领域，丰富了两岸交流合作内涵，增进了两岸同胞福祉，推动了两岸关系和平发展进程。

四、两岸全面直接双向"三通"实现

2008 年 7 月 4 日，两岸正式开通周末包机直航。12 月 15 日，两岸海运直航、空运直航、直接通邮全面启动，两岸客机、轮船和邮件不再绕经第三地而直达彼岸。2009 年 6 月 30 日，台湾当局开放大陆资本赴台投资。8 月 31 日，两岸定期航班正式开通。两岸共开通的空中直航航点 71 个，其中大陆 61 个，台湾 10 个。两岸客运定期航班数每周最高曾达 890 班。两岸直航港口 85 个。两岸"三通"促进了两岸人流、物流、资金流，极大便利了两岸民众往来，为增进两岸同胞的共同利益发挥了重要作用，广大台湾民众也从中受益。

五、两岸经济合作扩大深化

2008 年 5 月以后，两岸经济交往持续发展。贸易规模明显扩大，从 2008 年的 1200 多亿美元增长至 2016 年的近 2000 亿美元。台湾方面开放大陆企业赴台投资。大陆方面进一步优化台商投资环境，台商向大陆投资大幅增长。

2008 年 5 月后，两岸经济合作较之以往最显著、最重要的进展是，开始了两岸经济合作制度化的进程。2010 年 6 月，两会签

署《海峡两岸经济合作框架协议》（ECFA），推动了两岸经济关系正常化进程，明确了两岸贸易自由化目标，构建了两岸经济合作机制化平台，将两岸经济合作推向了新阶段。2011 年始，ECFA 贸易早期收获计划实施，效益逐步扩大。同年初，两岸经济合作委员会正式成立并全面运作，推进了两岸经济合作制度化。根据 ECFA 规定，两会继续进行完善两岸经济合作制度化的商谈，2012 年 8 月 9 日签署《海峡两岸投资保护和促进协议》，2013 年 6 月 21 日签署《海峡两岸服务贸易协议》。两岸服务贸易协议签署后，民进党等"台独"势力诬称两岸协商是"黑箱作业"，两岸经济合作是"图利大财团""导致台湾贫富差距拉大"，煽动台湾民众"恐中"情绪，直接诱发以学生为主体的"太阳花运动"，致使服贸协议未能生效。

金融合作方面，两岸 2009 年签署金融合作协议和金融监管合作谅解备忘录，建立了金融合作机制，促进了两岸金融业互设机构，扩大业务范围。越来越多台资企业在大陆上市。2012 年 8 月，两岸货币管理机构签署《海峡两岸货币清算合作备忘录》，建立了两岸货币清算机制。2013 年 2 月，两岸货币清算正式启动运作。

产业合作方面，两岸有关方面积极推进有规划指导、有政策支持、有产学研共同参与的新型产业合作，指定了先期合作项目，并协助企业进行合作。根据两岸经济合作框架协议，两岸经济合作委员会产业合作小组就合作愿景、目标等达成多项共识，促进两岸产业合作制度化、机制化。两岸企业家紫金山峰会为两岸企业界和经济界人士搭建了新的交流合作平台。

六、两岸各界大交流格局基本形成

2008 年 5 月以来，在两岸关系改善发展的背景下，两岸各领域、各界别交流蓬勃开展，层次提高，领域拓宽，内容更加丰富，形式屡有创新，形成全方位、宽领域、多层次的格局。两岸各界大交流推动两岸经济、文化、社会联系达到前所未有的水平。

大陆居民赴台旅游从无到有、快速发展，扩大了两岸人民往来的规模。2008 年 7 月，大陆居民开始赴台旅游，实现两岸人民往来新突破。从 2010 年开始，大陆成为台湾旅游的第一大客源地。2011 年大陆居民赴台个人游启动，至 2015 年个人游试点城市增至 47 个。2015 年，大陆居民赴台旅游高达 414 万人次，两岸人员往来达到 985.6 万人次，创历史新高。2015 年 7 月 1 日起，实施台湾同胞来往大陆免予签注政策，9 月 21 日起，全面实行卡式台胞证，进一步方便台胞来往。

两岸基层民众交流蓬勃发展。自 2009 年开始，两岸数十家机构和团体每年在福建共同举办海峡论坛，前来参加的台湾民众每届都接近或超过 1 万人，八成以上是基层民众。海峡论坛成为两岸民众参与人数最多、活动规模最大、涉及范围最广、民间色彩最浓的两岸交流活动。两岸青年学生交流不断扩大，每年数万名台湾青年学生参与两岸交流，交流内容包括文艺表演、体育比赛、辩论赛、社会实践和夏令营、冬令营、研习营等。

两岸文化教育交流逐步扩大并制度化。两岸宗教和民间信仰交流更加密切。两岸工会、妇女、体育、卫生等各领域、各界别交流持续热络，增强了两岸同胞中华文化情感纽带。

两岸关系改善发展加深了两岸同胞感情。2008 年北京奥运会期间，台湾各界人士积极参加奥运活动，营造了两岸同胞共襄中华民族盛举的良好气氛。同年 12 月，大陆同胞赠送给台湾同胞的大熊猫到台北安家。台湾同胞回赠大陆同胞的梅花鹿和长鬃山羊于 2011 年 4 月在山东威海刘公岛落户。在两岸发生重大自然灾害时，两岸同胞都相互支援救灾重建，书写了血浓于水的感人篇章。2008 年 5 月四川汶川特大地震发生后，台湾同胞积极支援抗震救灾和灾后重建，通过海协会共捐款 6.7 亿元人民币。2009 年 8 月，大陆同胞为遭受"莫拉克"台风袭击的台湾同胞捐款 9.8 亿元人民币，占外界对台捐款 90% 以上。在 2010 年青海玉树地震、甘肃舟曲特大泥石流灾害、2013 年四川芦山强烈地震发生后，台湾同胞均向当地民众提供支援，帮助抗灾和灾后重建。2014 年之后，习近平总书记分别对台湾复兴航空澎湖空难、高雄气爆事故、台湾复兴航空台北坠机事故、台湾南部地区地震等作出重要指示并表示深切哀悼和慰问，充分展现对台湾同胞生命安全的关怀。

七、两岸关系和平发展理念深入人心

2008 年至 2016 年，两岸双方在坚持"九二共识"、反对"台独"的政治基础上，开创了两岸关系和平发展的荣景，给两岸同胞特别是台湾同胞带来了实实在在的好处，也为亚太地区繁荣稳定注入正能量。2008 年 5 月以来的事实说明，两岸关系和平发展，符合两岸同胞共同愿望，符合中华民族整体利益，符合时代发展进步潮流，得到两岸同胞普遍支持，也受到国际社会广泛欢迎。

两岸同胞在经济合作中扩大了共同利益，在文化交流中增强了精神纽带，在直接往来中增进了彼此感情。两岸关系和平发展对台湾社情民意产生广泛的积极影响。各方面情况表明，台湾主流民意支持两岸关系和平发展，大多数台湾民众认同"九二共识"，支持两岸交流合作、平等协商，反对民进党"逢中必反"、阻挠两岸交流合作，激进"台独"主张市场缩小。

2012年以后，在两岸同胞的共同努力下，两岸关系和平发展已经具有更为坚实的基础、更为强劲的动力、更为有利的条件。同时，继续推动两岸关系发展还面临一系列问题，还遇到一些挑战。"台独"分裂势力极力宣传"台湾是主权独立国家"、两岸"一边一国"的分裂主张，极力阻挠和破坏两岸关系发展，仍是对台海地区和平稳定的最大现实威胁。两岸关系长期存在的政治分歧问题尚未得到解决，影响着两岸政治互信的提升，制约着两岸关系发展的深度和广度。某些外部势力继续使用各种手段，牵制两岸关系发展，阻挠中国和平统一进程。由于"台独"势力的蛊惑等因素的影响，部分台湾民众对台湾地位、两岸关系前途的认识存在扭曲和偏差。这些都决定了我们推动两岸关系和平发展不可能一帆风顺，而要与破坏两岸关系和平发展的力量反复较量，要不断攻坚克难，开拓进取。

第六节　推动与破坏两岸关系和平发展的较量
（2016 年至今）

　　2016 年 1 月 16 日，岛内举行台湾地区领导人和民意代表选举。民进党候选人蔡英文、陈建仁当选台湾地区正、副领导人，民进党获得台"立法院"113 个席位中的 68 席、单独过半，首次在岛内实现"全面执政"。台湾局势发生重大变化。蔡英文上台后，虽然声称"维持两岸现状"、希望台海和平稳定，但实际上加紧"以武拒统""倚外谋独"，推行"去中国化""渐进台独"，导致两岸双方沟通联系机制中断，持续 8 年的两岸关系和平发展遭受重大冲击。2020 年蔡英文连任后，继续顽固坚持"台独"分裂立场，加紧勾连外部势力，不断进行谋"独"挑衅，制造两岸对立对抗，阻挠破坏两岸交流合作和融合发展，导致两岸关系持续陷入紧张动荡，严重损害两岸同胞特别是台湾同胞的切身利益。2024 年 1 月，民进党候选人赖清德、萧美琴当选台湾地区正、副领导人。赖清德 5 月 20 日就职讲话罔顾民意、逆流而动，释放了谋"独"挑衅、破坏台海和平稳定的危险信号。

一、民进党当局破坏两岸关系和平发展

　　民进党当局拒不承认体现一个中国原则的"九二共识"，单方面破坏两岸关系和平发展政治基础，阻挠限缩两岸各领域交流合作，在两岸关系上大开"倒车"。2016 年 5 月 20 日蔡英文发表就职演说回避"九二共识"。2017 年 9 月 26 日，新任"行政院长"

赖清德公然宣称自己是"主张台湾独立的政治工作者"。2021 年蔡英文所谓"双十讲话"抛出两岸"互不隶属"。在岛内施政上，全方位推行"去中国化"的政治、经济、社会、文化教育政策，妄图改变两岸关系和平发展形成的紧密联系局面，强化"台湾主体意识"。极力打压主张"九二共识"、反对"台独"的国民党及支持统一的新党等统派力量，制造"绿色恐怖"。迎合"急独"势力要求，2017 年 12 月修改"公投法"，降低"公投"提案、连署等门槛。2018 年纵容、放行"台独"势力发起所谓"2020 东京奥运台湾正名公投"。2020 年 2 月起，以防疫为借口，单方面大幅缩减两岸客运航线航点及航班，不断升级对大陆居民赴台禁限措施。在涉外关系上，甘当美西方遏华棋子，加紧贴靠外部势力大搞"以武谋独"，不断进行"倚美谋独"挑衅，出卖民族利益。2022 年 8 月 2 日，在蔡英文当局极力推动下，美国国会众议长佩洛西窜访中国台湾地区，公然挑衅一个中国原则，严重破坏两岸关系，进一步加剧台海局势紧张动荡。

二、坚决反对"台独"分裂和外来干涉

以习近平同志为核心的党中央审时度势，准确预判，未雨绸缪，为应对变局采取一系列有力政策措施，维护了一个中国原则，保持了台海局势总体稳定。在台湾政局发生变化前，习近平总书记多次发表重要讲话，指出两岸关系发展面临方向和道路的抉择，强调走和平发展之路，谋互利双赢之道，利在两岸当下，功在民族千秋。"台独"煽动两岸同胞敌意和对立，损害国家主权和领土

完整，破坏台海和平稳定，阻挠两岸关系发展，只会给两岸同胞带来深重祸害。对此，两岸同胞要团结一致、坚决反对。台湾政局发生变化之后，习近平总书记指出，我们对台大政方针是明确的、一贯的，不会因台湾政局变化而改变。我们将坚持"九二共识"政治基础，继续推进两岸关系和平发展；坚决遏制任何形式的"台独"分裂行径，捍卫国家主权和领土完整，绝不容忍国家分裂的历史悲剧重演。

针对蔡英文当局采取的种种包藏"台独"祸心，破坏两岸关系和平发展的倒行逆施，以及美国等外部势力对台湾问题的介入，党中央坚持从中华民族整体利益的高度把握两岸关系大局，采取有力行动，坚决打击遏制各种谋"独"挑衅，坚决遏制外部势力干涉，有效地震慑并挫败了"台独"分裂行径，牢牢把握两岸关系主导权和主动权。

习近平总书记在多个重要场合庄严宣告我对台大政方针，郑重宣示坚决遏制"台独"分裂活动、捍卫国家主权和领土完整的坚强决心与坚定意志，向民进党当局和"台独"势力画出清晰底线，形成强大震慑。2019 年 1 月，习近平总书记在《告台湾同胞书》发表 40 周年纪念会上发表重要讲话，郑重提出坚决反对"台独"分裂和外部势力干涉。2022 年 10 月 16 日，党的二十大报告指出我们不承诺放弃使用武力，保留采取一切必要措施的选项，针对的是外部势力干涉和极少数"台独"分裂分子及其分裂活动，绝非针对台湾同胞。中共二十大通过党章修正案，将"坚决反对和遏制'台独'"写入党章。

大陆方面果断采取一系列措施，充分展现了坚决反对和遏制"台独"分裂与外来干涉的决心、意志和能力。

2016 年 5 月 20 日起，大陆方面坚决终止以"九二共识"为基础的国台办与台湾方面陆委会的常态化联系沟通机制、海协会与台湾海基会的制度化商谈机制。挫败民进党当局推动的"奥运正名公投"。2022 年 8 月，发布《台湾问题与新时代中国统一事业》白皮书，明确宣示党和政府在新时代推进实现祖国统一的立场、方针和政策。

2021 年 11 月至 2022 年 8 月，先后宣布惩戒清单在列的"台独"顽固分子（苏贞昌、游锡堃、吴钊燮、萧美琴、顾立雄、蔡其昌、柯建铭、林飞帆、陈椒华、王定宇等 10 人），依法终身追责，不允许其关联企业和金主在大陆谋利。2024 年 6 月，发布实施《关于依法惩治"台独"顽固分子分裂国家、煽动分裂国家犯罪的意见》。

2019 年，暂停大陆 47 个城市居民赴台个人旅游试点。2020 年，暂停大陆各地各学历层级毕业生赴台就读。2023 年 6 月，开展对台贸易壁垒调查。2024 年 1 月至 6 月，共中止《海峡两岸经济合作框架协议》（ECFA）146 项产品关税减让。2024 年 2 月起，取消 M503 航线自北向南飞行时向西偏置限制，4 月起，启用 M503 航线 W122、W123 衔接航线由西向东运行。

人民解放军开展"绕台巡航"、战备警巡、实战化演训等常态化军事斗争，在岛内引起强烈震撼，展现了捍卫国家主权和领土完整的强大能力、坚强决心和必胜信心。2017 年辽宁舰航母编队首次穿越台湾海峡。2022 年 8 月，人民解放军东部战区在台岛周边开展一系列围岛联合军事行动。2024 年 3 月，海警部门在厦金海域开展常态化执法巡查，彻底否定台湾当局所谓"禁止、限制水域"。2024 年 5 月，人民解放军在台岛周边开展"联合利剑—2024A"演习。

三、加强同岛内有关政治社会力量的交流互动

继续加强同台湾岛内坚持"九二共识"、支持两岸关系和平发展的政党、团体和社会各界人士交流互动，壮大反对"台独"、维护两岸关系和平发展的力量和声势。习近平总书记等中央领导同志通过会见、函电往来等形式，与岛内有关党派、团体和代表性人士保持交往，巩固两岸共同政治基础，确保两岸关系沿着正确方向前进。2018 年 7 月，习近平总书记会见来访的国民党主席洪秀柱，就两岸关系发展提出六点意见。2018 年 7 月，习近平会见国民党前主席连战率领的台湾各界人士参访团，希望两岸同胞共同努力，坚持体现一个中国原则的"九二共识"，坚决反对和遏制"台独"，扩大深化两岸各领域交流合作，增进台湾同胞亲情福祉，在新时代携手同心书写中华民族伟大复兴新篇章。2021 年 9 月 26 日，习近平致电朱立伦，祝贺其当选中国国民党主席。同日，朱立伦复电表示感谢，深盼今后两党在"九二共识"、反对"台独"基础上，共同造福两岸民众，促进台海和平稳定。2024 年 4 月 10 日，习近平总书记会见马英九及随访大陆的台湾青年一行，强调我们要从中华民族整体利益和长远发展来把握两岸

关系大局，要坚定守护中华民族共同家园，坚定共创中华民族绵长福祉，坚定铸牢中华民族共同体意识，坚定实现中华民族伟大复兴，并指出两岸青年好，两岸未来才会好。两岸青年要增强做中国人的志气、骨气、底气，共创中华民族绵长福祉，续写中华民族历史新辉煌。

中国国民党、新党、无党团结联盟等台湾政党高层及代表性人士多次率团来访，积极参加海峡论坛、"携手圆梦——两岸同胞交流研讨活动"等活动，发出坚持"九二共识"、反对"台独"和外来干涉、深化两岸交流合作、促进融合发展、造福两岸同胞、共促民族复兴的积极声音。2019 年，国民党前主席洪秀柱、新党主席郁慕明、无党团结联盟副主席高金素梅分别率领台湾各界人士代表团来访，与大陆有关方面就两岸关系和民族未来开展对话协商，达成共同反对"台独"分裂、携手推进祖国和平统一进程、实现民族复兴等多项共识。越来越多的台湾同胞深刻认识到，坚持"九二共识"、反对"台独"，台海才能和平稳定，两岸关系才能发展，两岸同胞的利益福祉才有保障。

四、持续深化两岸融合发展和交流合作

坚持以人民为中心的发展思想，践行"两岸一家亲"理念，以两岸同胞福祉为依归，扎实推动两岸和平发展、融合发展。完善促进两岸交流合作、增进台湾同胞福祉的制度安排和政策措施，实行卡式台胞证，实现福建沿海地区向金门供水，制发台湾居民居住证，支持台商台企融入新发展格局，同台湾同胞分享大陆发

展机遇，为台湾同胞在大陆学习、创业、就业、生活提供同等待遇，受到广大台湾同胞欢迎。2014 年 11 月，习近平总书记在福建调研期间，专程赴平潭考察了平潭综合实验区，参观台资企业，看望台资企业负责人，并同他们座谈。习总书记指出，两岸同胞同祖同根，血脉相连，文化相通，没有任何理由不携手发展、融合发展。2016 年 3 月，习近平总书记在参加十二届全国人大四次会议上海代表团审议时强调，我们将持续推进两岸各领域交流合作，深化两岸经济社会融合发展，增进同胞亲情和福祉，拉近同胞心灵距离，增强对命运共同体的认知。2020 年 11 月，党的十九届五中全会审议通过的《中共中央关于制定国民经济和社会发展第十四个五年规划和二〇三五年远景目标的建议》，把"推进两岸关系和平发展和祖国统一"列为"十四五"规划和二〇三五年远景目标的重要组成部分，明确了在全面建成社会主义现代化国家新征程中推进两岸关系和平发展和祖国统一的目标任务，体现了对台工作在民族复兴进程中的战略地位。2022 年 10 月，党的二十大报告明确指出，我们始终尊重、关爱、造福台湾同胞，继续致力于促进两岸经济文化交流合作，深化两岸各领域融合发展，完善增进台湾同胞福祉的制度和政策，推动两岸共同弘扬中华文化，促进两岸同胞心灵契合。2023 年 9 月，为贯彻习近平总书记关于"以通促融、以惠促融、以情促融"的重要指示精神，《中共中央 国务院关于支持福建探索海峡两岸融合发展新路建设两岸融合发展示范区的意见》发布。2024 年 3 月，为贯彻落实习近平总书记两会期间涉台重要讲话，中央台办、国家发展改革委在平潭共同举办福建省深化两岸融合发展座谈会，推动深化两岸融合发展政策措施落实落细。

顺应两岸同胞要和平、要发展、要交流、要合作的共同心声，团结广大台湾同胞，排除"台独"分裂势力干扰阻挠，推动两岸各领域交流合作和人员往来走深走实。2023年，习近平总书记先后向第十五届海峡论坛、第六届海峡两岸青年发展论坛和两岸企业家峰会10周年年会致贺信，宣示了继续致力于促进两岸经济文化交流合作、深化两岸各领域融合发展、造福台湾同胞的政策主张，充分体现了对广大台胞的深情牵挂和关心关怀，感召两岸同胞相向而行、加强交流、扩大合作、携手并进，共享中国式现代化广阔机遇，有力引领了两岸交流合作的前进方向。持续举办海峡论坛、上海—台北城市论坛、海峡青年论坛等一系列两岸交流活动，推动恢复两岸空中直航航点和"小三通"复航，保持了两岸同胞交流合作的发展态势。2023年两岸贸易额为2678.36亿美元，保持高位运行，大陆稳居台湾最大贸易顺差来源地。深化融合发展的实践，使两岸同胞越来越深切地感受到，两岸同胞是打断骨头连着筋的一家人，是割舍不断的命运共同体。两岸同胞只有携手同心致力于实现中华民族伟大复兴，才能迎来共同的美好未来。

五、巩固发展国际社会坚持一个中国的格局

坚持以一个中国原则处理台湾对外活动问题，广泛做国际社会工作，巩固了国际社会的一个中国格局。习近平主席在中美元

首通话和视频会晤中，系统阐述了我们在台湾问题上的原则立场，对民进党当局"倚美谋独"和美国搞"以台制华"提出严正警告。2021 年 11 月 16 日，习近平主席在中美元首视频会晤中明确指出台海局势面临新一轮紧张，原因是民进党当局一再企图"倚美谋独"，而美国一些人在搞"以台制华"，这一趋势十分危险，是在玩火，而玩火者必自焚。2022 年 11 月 14 日，习近平主席在中美元首印尼巴厘岛会晤中指出，中方将坚持"和平统一、一国两制"的基本方针，以最大诚意、尽最大努力争取和平统一的前景。但如果出现《反分裂国家法》规定的三种严重情况，中方必将依法行事。"台独"同台海和平稳定水火不容，要想维护台海和平稳定，就应当坚决反对和遏阻"台独"。拜登总统表示，美方坚持一个中国政策，不支持"台独"，不支持"两个中国"或"一中一台"，不寻求把台湾问题作为工具遏制中国。2023 年 11 月 15 日，习近平主席在中美元首美国旧金山会晤中，向美方深入阐述了中国政府在台湾问题上的原则立场，强调美方应该将不支持"台独"的表态体现在具体行动上，停止武装台湾，支持中国和平统一。拜登总统重申中美元首巴厘岛会晤美方所作承诺，明确表示不支持"台独"。

坚决挫败民进党当局谋求扩大"国际空间"的分裂图谋。2016 年 5 月 20 日以来，民进党当局拒不承认体现一个中国原则的"九二共识"，不断挑战一个中国原则，使台湾地区参与相关国际组织活动政治基础不复存在。坚决打掉台湾当局谋求参与世界卫生组织、国际刑警组织、国际民航组织等活动图谋。坚决反对与我建交国同台湾提升实质关系，敦促有关国家妥善处理涉台问题，纠正在台湾问题上的错误言行，向国际社会宣示我捍卫核心利益的坚定立场。随着我发展壮大和国际影响力提高，越来越多台所谓"邦交国"顺应历史大势，接受一个中国原则。圣多美和普林西比、巴拿马、多米尼加、布基纳法索、萨尔瓦多、所罗门群岛、基里巴斯、尼加拉瓜、洪都拉斯、瑙鲁 10 国先后与台湾当局断绝所谓"外交关系"，与我建交或复交。台"邦交国"降至历史最低的 12 个，国际社会坚持一中原则的格局越来越扩大和巩固。

第五章　对台工作与涉台事务

　　我们始终团结台湾同胞，共同反对"台独"分裂活动，推动台海形势从紧张对峙走向缓和改善、进而走上和平发展道路。我们秉持求同存异精神，在"九二共识"基础上开启两岸协商谈判，推进两岸政治交往，实现两岸领导人历史性会晤。我们顺应两岸同胞共同愿望，推动打破两岸隔绝状态，实现全面直接双向"三通"，促进两岸经济文化交流合作，深化两岸各领域融合发展，完善增进台湾同胞福祉的制度和政策，推动两岸共同弘扬中华文化，促进两岸同胞心灵契合。

第一节　两岸政治交往

　　两岸政治交往敏感复杂，在两岸关系中居于重要而特殊的地位，为维护国家主权和领土完整，推动两岸关系和平发展、融合发展发挥了独特作用。

一、两岸政治交往历程

　　（一）两岸早期秘密接触。1956 年，毛泽东通过与国共均有往来的爱国人士章士钊向蒋介石传信，提出和平解决台湾问题、实现祖国统一的具体措施。同年 7 月，周恩来接见曹聚仁时表示，"我们对台湾，绝不是招降，而是要彼此商谈"。经过考虑，蒋介石于 1957 年初派"立法委员"宋宜山到北京考察。宋宜山得到周恩来接见，并与统战部长李维汉具体商谈。1958 年 10 月，毛泽东约见有关人士，请其向台方转达和平解决台湾问题的主张。1963 年 1 月，周恩来请张治中致函陈诚，将"一纲四目"告知台湾当局。

（二）两岸政治交往起步与推进。以中共十一届三中全会为标志，中央对台方针政策开始出现划时代转变。1979 年元旦，全国人大常委会发表《告台湾同胞书》，宣布争取和平统一政策，在海内外产生强烈反响，成为两岸关系新起点。蒋经国提出"不接触、不谈判、不妥协"的"三不政策"，台湾当局发布各种禁令，禁止有助于两岸关系缓和的行为，处罚主张和谈统一者。随着形势发展，台湾社会各界强烈要求国民党当局正视时势变化，调整大陆政策。1987 年 11 月，国民党当局迫于内外压力，不得不开放部分民众赴大陆探亲，长达 38 年的两岸隔绝状态被打破，为两岸社会交流打开了大门，也为两岸政治交往提供了契机。为妥善处理两岸交往中大量出现的需要通过协商解决的问题，两岸分别成立了受权进行接触、交往、商谈的民间团体，即海协会与台湾海基会，为两岸政治交往提供了新的渠道与平台。1992 年 3 月，两会开始商谈，并于 11 月达成各自以口头方式表达"海峡两岸均坚持一个中国原则"的共识。1993 年两会在新加坡首次实现汪辜会谈。这是 1949 年两岸隔绝后，双方高层人士第一次以民间名义公开进行的最高层次会谈，对于两岸商谈乃至两岸关系发展，具有深远的历史意义。此后，两会商谈因李登辉 1995 年 6 月访美制造"两个中国"、1999 年 7 月抛出"两国论"分裂主张而中断。

（三）两岸政治交往深化。进入 21 世纪后，台海形势发生重大变化。2000 年 3 月，民进党候选人陈水扁在台湾地区领导人选举中获胜，国民党在台湾长期一党"执政"终结。陈水扁当局顽固坚持"台独"分裂立场，加紧推动"台独"分裂活动。中共中央采取一系列强有力措施，开展反对和遏制"台独"分裂活动的坚决斗争。2005 年 3 月全国人大通过《反分裂国家法》，给"台独"势力划出红线。同年 4 月至 7 月，国民党、亲民党、新党领导人先后率团访问大陆，形成了中国共产党与泛蓝阵营共同坚持"九二共识"、反对"台独"的局面。经过坚决斗争，取得反"台独"斗争胜利。2008 年 5 月，国民党在台重新"执政"，两岸关系实现重大转折，国共两党在坚持"九二共识"、反对"台独"的共同政治基础上建立互信，共同开辟两岸关系和平发展新局面。两岸领导人实现历史性会晤；国共两党形成机制化交往；双方两岸事务主管部门建立常态化联系沟通机制；两会在各自公权力机构的授权下，展开协商谈判，先后签署一系列协议。这一阶段的两岸互动，为将来两岸政治关系的突破创造条件和奠定基础。

（四）两岸政治交往受阻与官方互动中断。2016 年 5 月，民进党再次上台并实现全面"执政"，因其顽固推行"台独"分裂路线，拒不承认体现一个中国原则的"九二共识"，采取一系列破坏两岸关系和平发展的政策措施，致使两岸关系陷入僵局，也给两岸政治交往带来严重冲击。海协会与台湾海基会协商机制、国台办与陆委会联系沟通机制被迫中止运作。面对台湾政局的重大变化及随之而来的严峻挑战，中国共产党和中国政府始终保持战略定力，发扬历史主动精神，在坚持"九二共识"、反对"台独"的政治基础上，同台湾各政党、团体、县市和各界人士加强联系沟通，推进交流合作，共同反对"台独"分裂和外来干涉，推动两岸关系和平发展、融合发展，传承弘扬中华文化，维护台海和平稳定，造福两岸同胞，共促国家统一和民族复兴。

二、两岸政治交往主要成效

（一）实现两岸领导人历史性会晤。2015 年 11 月 7 日，中共中央总书记、国家主席习近平在新加坡同台湾地区领导人马英九会晤，实现了 1949 年以来两岸领导人首次会晤。习近平总书记在会晤中提出坚持两岸共同政治基础不动摇、坚持巩固深化两岸关系和平发展、坚持为两岸同胞多谋福祉、坚持同心实现中华民族伟大复兴等四点意见。马英九表示，两岸要巩固"九二共识"，扩大深化交流合作，增进互利双赢，拉近两岸心理距离，对外展现两岸关系可以由海峡两岸和平处理，同心协力，为两岸下一代创造更美好的未来。

这次会晤，实现了两岸关系历史性突破，书写了两岸关系历史性篇章。双方对两岸关系发展历程的回顾，尤其是 2008 年以来两岸关系和平发展重要成果的肯定，表明两岸关系和平发展是一条正确的道路，两岸双方要坚定不移地走下去。会面是对体现一个中国原则的"九二共识"作为共同政治基础的再确认，对两岸关系未来稳定发展具有重要意义。两岸交往互动层次的提升，有利于促进两岸沟通对话，扩大交流，深化合作，实现互利共赢，造福两岸同胞。此次会晤向世人表明，两岸中国人完全有能力、有智慧解决好自己的问题，为两岸政治关系发展提供了启示和借鉴。会晤激发了两岸同胞携手合作、同心协力、致力于中华民族伟大复兴的热情。

（二）建立两岸事务主管部门常态化联系沟通机制。2013年10月，习近平总书记在印尼巴厘岛会见台湾两岸共同市场基金会荣誉董事长萧万长时指出，"对两岸关系中需要处理的事务，双方主管部门负责人也可以见面交换意见"。为落实习近平总书记重要指示，2014年2月，双方两岸事务主管部门负责人在南京首次正式会面，就推进两岸关系有关问题广泛深入交换意见并取得积极共识，最重要的是在坚持"九二共识"基础上建立国台办与陆委会常态化联系沟通机制，启动两岸制度化联系沟通，进一步开启两岸政治关系向前发展的大门。同年6月，双方两岸事务主管部门负责人在台北进行第二次会面，进一步提升两岸政治交往水平。其后双方两岸事务主管部门负责人又进行数次工作会面，并开通热线电话，两部门还多次就两岸之间的重大政策性问题直接联系沟通，对提升两岸交往制度化水平、持续推动两岸关系和平发展具有重要意义。2016年5月蔡英文上台后，拒不承认"九二共识"、顽固坚持"台独"立场，国台办与陆委会联系沟通机制中断。

（三）形成并保持国共两党交往机制。2005 年 4 月 29 日，中共中央总书记胡锦涛在北京与中国国民党主席连战举行会谈，共同发表《两岸和平发展共同愿景》，实现了 1945 年以来国共两党领导人首次正式会谈。2008 年 5 月 28 日，胡锦涛总书记在北京与国民党主席吴伯雄举行会谈，形成广泛共识，这是国民党在台重新"执政"后两党领导人首次会谈，之后两党高层保持机制化会面。2012 年党的十八大以来，中共中央总书记习近平多次会见连战、吴伯雄、朱立伦、洪秀柱、马英九等国民党高层人士，取得丰硕成果，开创了新时代两党高层交往新局面，引领两党关系和两岸关系发展方向。两党高层还在各自举行党代会等节点互致贺电，在海峡论坛等场合和博鳌亚洲论坛年会、亚太经合组织领导人非正式会议等期间会见、寒暄，增进了双方互信和良性互动，推动了两党关系和两岸关系发展。

多年来，在坚持"九二共识"、反对"台独"共同政治基础上，国民党卸任主席、副主席等高层人士积极来大陆参访、交流，与有关方面对话沟通，为推进两党关系和两岸关系发展发挥积极作用。2019 年 5 月，国民党前主席洪秀柱响应习近平总书记在《告台湾同胞书》发表 40 周年纪念会上重要讲话中有关开展两岸民主协商的重要倡议，率台湾各界人士代表团来访，与大陆有关方面围绕两岸关系与民族未来等共同关心的话题开展协商对话。2023 年 3 月底至 4 月初，马英九到大陆祭祖并带台湾青年前来交流，中共中央台办、国务院台办主任宋涛会见马英九一行，转达习近平总书记对马英九的亲切问候，并就两岸关系发展交换意见。

2024 年 4 月初，马英九再次率台湾青年来访，习近平总书记 4 月 10 日在北京会见马英九一行并发表重要讲话，受到海内外高度关注，在两岸引发热烈反响。这是习近平总书记在党的二十大之后首次会见台湾同胞并发表重要讲话，揭示了两岸同属一个国家、一个民族的历史事实，宣示了坚定推进反"独"促统的意志决心，展现了增进两岸同胞利益福祉的真情实意，强调了铸牢中华民族共同体意识的重要意义，发出了携手同心实现民族复兴的伟大号召，表达了对两岸青年的关心关爱和殷切期许，为两岸关系注入稳定性和正能量，对两岸关系发展具有重大意义和深远影响。

在国共两党高层交往的引领下，两党还建立了以两岸经贸文化论坛为主体框架的互动机制。2006 年 4 月首届论坛在北京举办，名称为"两岸经贸论坛"。同年 10 月第二届论坛在海南举办，名称为"两岸农业合作论坛"。2007 年 4 月第三届论坛在北京举办，改称"两岸经贸文化论坛"并固定下来，此后延续举办 7 届，至 2015 年共举办 10 届（2014 年未举办）。2016 年 11 月，国共双方在 10 届两岸经贸文化论坛的丰硕成果基础上举办两岸和平发展论坛。

（四）广泛与岛内其他政党团体开展交往互动。2001 年 7 月，中央台办与新党代表团在北京展开正式对话协商，就两岸关系重大问题交换意见，开启两岸政党交往。2005 年 5 月，中共中央总书记胡锦涛与亲民党主席宋楚瑜在北京举行会谈，双方就促进两岸关系改善与发展的重大问题及两党交往事宜，坦诚、深入地交换了意见。同年 7 月，胡锦涛总书记会见新党主席郁慕明及其率领的纪念抗战胜利 60 周年大陆访问团。此后，中国共产党与亲民党、新党、无党团结联盟等岛内泛蓝政治力量持续开展交流互动。2014 年 5 月，中共中央总书记习近平在北京会见亲民党主席宋楚瑜。同年 9 月，习近平总书记会见新同盟会会长许历农、新党主席郁慕明率领的台湾和平统一团体联合参访团。2015 年 9 月，台湾无党团结联盟主席林炳坤来京出席抗战胜利 70 周年纪念活动，参加了习近平总书记的集体会见。为响应习近平总书记在《告台湾同胞书》发表 40 周年纪念会重要讲话中关于广泛深入开展两岸民主协商的重要倡议，2019 年 5 月、6 月，新党主席郁慕明、台湾无党团结联盟副主席高金素梅分别率台湾各界人士代表团来访，与大陆有关方面共同举办"两岸关系与民族复兴"座谈会。2023 年 6 月，全国政协主席王沪宁会见新党主席吴成典所率新党代表团，大陆有关方面与新党开展对话协商，共同举办"两岸关系前瞻与思考"研讨会。2021 年至 2024 年，大陆有关方面与台湾统派团体连续举办四届"携手圆梦——两岸同胞交流研讨活动"，共达成 20 项共识，反映了两岸同胞坚决反对"台独"分裂和外部干涉、共同维护两岸关系和平发展、携手推进祖国统一和促进中华民族伟大复兴的强烈心声。

（五）加强两岸县市基层交流。2008 年 7 月，台中市市长胡志强、台中县县长黄仲生、彰化县县长卓伯源、南投县副县长陈志清率台湾中部四县市访问团到厦门参访，成为开放两岸周末包机直航后第一批到大陆参访的台湾县市长。2016 年 9 月，大陆有关方面邀请台湾新北市、新竹县、苗栗县、花莲县、南投县、台东县、金门县及连江县等八县市负责人组团参访大陆，加强与大陆有关省市交流合作。2018年国民党在"九合一"选举中大胜，为两岸县市交流提供了便利。2018年、2019年岛内各有27批次县市长率团来大陆交流。2020年新冠肺炎疫情暴发，两岸部分基层交流改为线上形式。2023年疫情防控转段后，年内有7位县市长17批次到大陆交流。两岸县市交流合作涉及经济、民生、教育、科技、文化、卫生、体育、环保、交通、旅游、农渔产品、青年等多个领域，交流合作广度和深度不断拓展，形成以"上海台北城市论坛"等为代表的一系列品牌交流活动，为促进两岸交流合作、推动两岸关系和平发展、增进两岸同胞利益福祉和心灵契合发挥了积极作用。

第二节　两岸人员往来与各领域交流

开展两岸人员往来与各领域交流，是做台湾人民工作、争取台湾民心最直接的方法和途径，在对台工作全局中具有重要基础性作用。党的十八大以来，习近平总书记就加强两岸交流合作、深化两岸融合发展作出一系列重要论述，强调要"深化两岸融合发展，夯实和平统一基础""实现同胞心灵契合，增进和平统一认同"，明确了对台交流工作应当始终坚持、不懈努力的核心目标。他还强调，不管遭遇多少干扰阻碍，两岸同胞交流合作不能停、不能断、不能少。这些重要论述为两岸交流融合指明了方向。

一、两岸人员往来与各项交流发展历程

两岸人员往来与各项交流大致经历五个阶段。

（一）间接交流往来阶段（1949—1987年）。1949年以后，由于台湾问题的产生，两岸军事对峙，两岸同胞处于隔绝状态。中国共产党和中国政府努力打破这种隔绝状态，50年代就提出欢迎台湾同胞到大陆考察、探亲、访友，保证来去自由。此后，少量台湾同胞从海外前来大陆。1979年以后，大陆沿海地区建立了多个台湾渔船停泊点和渔民接待站，为台湾渔民探亲、从事小额贸易与渔船避风、加油、补给、修理提供服务。70年代末80年代初，两岸学者开始在海外接触和交流。台湾一些南音艺术家不顾台湾当局禁令，悄悄来大陆进行交流。1987年10月，"妈祖千年祭"活动在湄洲岛举行，几十支台湾朝拜团队不顾台当局阻挠，绕道日本前往福建莆田湄洲祖庙进香，首开两岸民间交流先河。到1987年台湾当局开放探亲前，台湾同胞来大陆累计4万人次。

（二）单向交流往来阶段（1988—1991年）。台湾当局1987年11月有限度开放台湾民众来大陆探亲，之后又开放大陆居民赴台探病奔丧。真正意义上的两岸交流往来由此开始。但在初期，台湾当局严格限制大陆居民赴台，两岸之间"有来无去"。两岸同胞直接交流，始于1987年台湾电视制片人凌峰来大陆拍摄电视片和1989年中国科学院研究员赵松乔赴台交流。4年间，台湾同胞来大陆近300万人次，交流逐渐增多；大陆居民赴台不到2万人次，其中开展交流仅40人次。

（三）双向交流往来实现与发展阶段（1992—2007年）。自

1992 年下半年起，台湾当局逐步放宽对大陆居民赴台限制，两岸双向交流往来逐步形成。1994 年台湾当局借"千岛湖事件"阻挠两岸交流往来。1995 年以后"台独"分裂活动加剧，严重干扰了两岸交流往来。2000 年陈水扁上台后大肆推行"台独"分裂活动，破坏两岸交流往来的基础和氛围。但两岸民间交流往来的基本格局和发展态势并未改变，排除干扰向前发展，初步形成全方位、宽领域、多层次的交流往来格局。其间，大陆方面推出简化台胞入出境手续、实行大陆高校台生与陆生同等收费、设立台生奖学金等一系列举措，推进了两岸交流往来。

（四）两岸人民大交流阶段（2008—2016 年 5 月）。2008 年 5月，随着两岸关系实现历史性转折、开创和平发展新局面，两岸交流合作取得重大进展，逐步形成两岸人民大交流的格局。两岸全面直接双向"三通"和大陆居民赴台旅游的实现，使两岸人民尤其是基层民众交流更加热络，遍及经济、文化和社会生活的广泛领域。党的十八大以来，两岸人员往来和各领域交流不断扩大，形成全方位、宽领域、多层次的稳固交流格局。

（五）两岸交流往来受阻和恢复阶段（2016 年 5 月至今）。2016 年 5 月，民进党上台后拒不承认体现一个中国原则的"九二共识"，破坏两岸关系和平发展基础，不断干扰、阻挠两岸交流，两岸各领域交流成果遭到破坏。面对台湾政局的重大变化及随之而来的严峻挑战，中共中央始终保持战略定力，多管齐下，妥善应对，持续团结广大台湾同胞开展两岸交流合作。两岸社会人文融合加速推进，对台基层交流更为广泛深入，文化领域交流进一步增进两岸同胞民族认同和心灵契合，台湾青年群体成为两岸交流积极活跃的新生力量。2020 年后，两岸人员往来因新冠肺炎疫情更加受阻，但线上交流迅速开展，两岸民间各领域交流没有停没有断。2023 年，在新冠肺炎疫情防控平稳转段的新形势下，大陆方面积极推动两岸人员往来正常化、交流合作常态化，两岸各领域交流快速回温、持续热络。

二、两岸人员往来与各项交流的主要特点

截至 2023 年底，两岸人员往来累计 1.48 亿人次，台湾同胞来大陆累计 1.15 亿人次，实际来过大陆的台湾同胞超过 850 万人；大陆居民赴台累计 3316 万人次，其中赴台交流 33.48 万余项、200.09 万人次，赴台旅游 2369.44 万人次；大陆 423 所高校和科研院所招收台湾学生，2001 年至今大陆高校已毕业台生约 2.5 万人，目前尚在大陆高校就读台生约 1.26 万人；大陆学生赴台湾高校就读，接受学历教育逾 2.1 万人；在大陆定居的台湾同胞约 1.1 万人；两岸居民通婚超过 40 万对。30 多年来，两岸人员往来与各项交流迅速发展，特点显著。

（一）交流规模逐渐扩大。台湾同胞来大陆，1988 年 45 万人次，1992 年超过 100 万人次，1997 年超过 200 万人次，2000 年超过 300 万人次，2005 年超过 400 万人次，2010 年超过 500 万人次，2019 年达到 611.7 万人次。大陆居民赴台，1988 年仅几百人次，1992 年超过 1 万人次，1997 年超过 5 万人次，2005 年超过 15 万人次，2010 年达 160 余万人次，2019 年为 285.4 万人次；其中赴台交流，1992 年为 155 项、920 人次，2010 年为 19089 项、14.67 万人次，2019 年为 24017 项、11.36 万人次。2020 年至 2022 年，由于民进党当局人为阻挠及新冠肺炎疫情冲击，两岸人员往来与各项交流受到较大程度影响。2023 年，新冠肺炎疫情防控平稳转段后，两岸人员往来逐步恢复到近 300 万人次，约为新冠肺炎疫情前的三分之一。

（二）交流内容日益丰富。台湾同胞来大陆，从最初的探亲、旅游，发展到投资、考察、求学、就业、就医、交流、访问等。大陆居民赴台，从最初的探亲，发展到交流、讲学、研修、培训、商务、旅游、投资、就学、就医等。两岸交流，从文艺学术领域，逐渐扩展到经济、教育、科技、体育、卫生、新闻出版、广播影视等领域和民族、宗教、民间信仰、工会、妇女等界别。两岸人员往来，从一般性交流互访、探亲访友，发展到形式多样的合作，广度和深度不断推进。台湾各领域、各界别代表性人士纷纷来大陆交流、参访。大陆各领域专家、学者、知名人士以及各级领导干部率团赴台交流，广泛接触台湾各界人士和普通民众。

（三）便利措施与时俱进。为促进两岸交流发展，大陆方面持续出台政策措施，包括便利台湾同胞入出境及居留，实施台胞来往大陆免签注政策及制发 5 年有效卡式台胞证，制发台湾居民居住证；拓宽台湾同胞在大陆就业途径，简化就业手续，取消台湾居民就业许可证；扩大对台招生；开展适合台湾同胞就医习惯和特点的服务，方便台湾同胞在大陆就医，保障台胞在大陆参加社会保险；推动两岸婚姻健康发展，维护大陆配偶合法权益；积极为台湾同胞参与大陆社会事务创造条件。截至 2024 年 5 月，在大陆 24 个省区市共设立 95 个海峡两岸交流基地。2008 年 5 月后，台湾当局也出台一系列促进两岸交流的措施，包括放宽公务人员来大陆交流的限制，开放大陆高阶政务人员赴台参访、大陆企业赴台投资、大陆学生赴台高校接受学历教育等。但 2016 年民进党上台后，罔顾民意，为两岸交流设置种种障碍，封堵禁限大陆人员赴台，施压积极从事两岸交流的岛内团体和人士，干扰破坏了两岸交流。

（四）融合发展持续深化。积极探索海峡两岸融合发展新路，相继出台促进两岸经济文化交流合作的《关于促进两岸经济文化交流合作的若干措施》（简称"31 条措施"）、《关于进一步促进两岸经济文化交流合作的若干措施》（简称"26 条措施"）等一系列惠台利民政策措施，为台湾同胞在大陆提供发展机遇、落实同等待遇方面迈出新步伐。2023 年 9 月，《中共中央　国务院关于支持福建探索海峡两岸融合发展新路建设两岸融合发展示范区的意见》进一步完善保障台湾同胞福祉和在大陆享受同等待遇的制度和政策。两岸同胞共同弘扬中华文化优秀传统，民族认同和心灵契合进一步增强。越来越多台湾同胞来大陆追梦筑梦圆梦，积极投身大陆科技教育、文化体育、乡村振兴、社区管理、支教义诊、环境保护、志愿服务、非遗传承等各项社会文化事业，许多台湾青年来大陆学习、工作和创业，加入两岸融合发展、共圆民族复兴中国梦的进程中。党的十八大以来，累计 300 余名台湾同胞荣获地市级以上五一劳动奖章、青年五四奖章、三八红旗手等荣誉称号。

三、两岸人员往来与各项交流的主要内容

两岸人员往来与各项交流内容丰富，形式多样，成效显著。

（一）两岸文化交流。两岸文化交流涉及文学、音乐、舞蹈、戏剧、杂技、曲艺、美术、摄影、文物等多个门类。两岸主要艺术团体多数曾到对岸演出，大陆文物精品、当代文化艺术精品和民间工艺品多次入台展出。大陆出台一系列政策举措为两岸文化交流往来提供便利，促成两岸美术馆、博物馆共同创作与联合办展，支持两岸艺术团体共同创排与联合演出，鼓励两岸文化产业深入合作，共同参与各类文博活动。两岸故宫博物院实现院长互访，并在台湾联合办展。两岸文化界人士往来密切、交流频繁，民间文化交流持续深入发展。广大文化工作者积极探索和实践，创作出一大批展现大陆发展成就、彰显中华优秀传统文化魅力、反映两岸关系发展进程、为两岸同胞喜闻乐见的精品力作。电视剧《去有风的地方》《梦华录》《一生一世》《甄嬛传》《三十而已》《延禧攻略》等入岛播出，好评如潮。涉台题材电影《台湾往事》《团圆》，电视剧《台湾首任巡抚刘铭传》《台湾·一八九五》《施琅大将军》《原乡》，电视专题片《台北故宫》等均获国家级奖项。《台湾文献汇刊》《明清宫藏台湾档案汇编》《馆藏民国台湾档案汇编》《民间遗存台湾文献选编》等一批国家重点出版规划项目图书陆续出版。大型文艺演出《中华情》《妈祖之光》成为深受两岸同胞欢迎的品牌节目，舞台剧《寻味》、昆曲《人在草木间》、音乐

剧《恋曲》在两岸演出。两岸音乐人共同编创的闽南语歌曲《勇敢的河佬人》《甘愿一生交乎你》《不散》等广为传唱。

（二）两岸教育和青年交流。两岸教育交流涵盖基础教育、高等教育、职业教育等各个方面，形式包括互访、讲学、合作研究、就读、研修等多种方式。大陆积极解决台湾学生在大陆就学问题，在中小学和幼儿园阶段实行"欢迎就读、一视同仁、就近入学、适当照顾"政策，批准设立 3 所台商子女学校；出台多项政策扩大大陆高校对台招生，促进大陆高校招收、培养、服务台湾学生，加强对台湾学生的正面教育引导，为大陆高校台湾毕业生提供针对性强的就业指导和咨询。两岸青少年学生交流丰富多彩，包括文艺表演、体育比赛、社会实践，以及夏令营、冬令营、研习营等。形式日趋多样，影响持续扩大。2022 年 7 月，习近平总书记给参加海峡青年论坛的台湾青年回信。2023 年 9 月，习近平总书记向第六届海峡青年发展论坛致贺信，勉励两岸青年为推动两岸关系和平发展、推进祖国统一大业不断贡献青春力量。2024 年 4 月，习近平总书记在京会见马英九一行时表示，我们欢迎台湾青年来祖国大陆追梦、筑梦、圆梦，持续为两岸青年成长、成才、成功创造更好条件、更多机遇。

（三）两岸科技交流。两岸科技交流长期以来一直较活跃，涉及基础学科和应用学科等广泛领域。科研机构和科技界人员保持交流合作。两岸科研机构组织召开系列学术研讨会、举办高层次论坛、开展实质性项目合作，"海峡两岸科技论坛""两岸产业技术前瞻论坛""寰宇生产力论坛""海峡科技专家论坛""两岸青少年高校科学营"等一大批两岸知名科技品牌项目均已连续举办十余年，内容涵盖节能环保、新能源、生物医药、大气科学等诸多学科和领域。支持两岸科技交流的政策体系构建较为完整。

（四）两岸卫生交流。两岸医药卫生从业人员、研究机构、医院、院校企业往来和交流密切，越来越多的台湾青年到大陆学习中医，两岸卫生界互鉴交流医院管理经验。大陆方面先后出台政策，允许符合条件的台湾居民参加大陆医师资格考试，允许台湾地区医师来大陆短期行医，允许符合条件的台湾居民获得大陆医师资格认定。两岸医疗机构合资合作兴办医院取得进展，两岸疾病控制部门建立直接沟通合作机制。2010年，两岸签署《海峡两岸医药卫生合作协议》，两岸卫生交流合作迈上新台阶。新冠肺炎疫情发生以来，依据《海峡两岸医药卫生合作协议》项下突发公共卫生事件应急通报机制，向岛内通报疫情信息，分享大陆疫情防控技术资料，积极回应台方关切，以线上线下相结合方式举办两岸抗击新冠疫情交流会等，助力两岸有效提升传染病防治能力，共同维护卫生安全。

（五）两岸体育交流。两岸运动员、教练员、专业人士、体育组织交流热络，合作密切。台湾体育界人士来大陆参加、观摩各种体育项目的竞赛、全运会和少数民族运动会。大陆方面选派体育运动强队和著名运动员包括奥运金牌运动员赴台交流。两岸奥委会、单项运动协会、基层体育组织之间联系密切，高层互访频繁。两岸体育界联合举办各类体育活动。2008年5月以来，两岸同胞携手参与北京奥运会、广州亚运会、深圳大运会、南京亚青会、天津东亚运动会、北京冬奥会、成都大运会、杭州亚运会，书写两岸体育交流新篇章。

（六）两岸广播影视和网络视听交流。两岸广播影视交流涵盖广播、电影、电视、影视报刊等各方面，合作方式多样。党的十八大以来，大陆陆续出台广播影视领域多项惠台举措。每年台湾地区人士参与大陆广播电视和网络视听节目制作 1000 余人次。定期举办两岸电影展、海峡影视季、两岸广电视听业界交流座谈会、海峡两岸优秀影视作品云展览等活动。鼓励两岸业界互至对岸举办影展、参加影视交流活动、加强视听节目精品合作。两岸影视剧、网络视听节目在对岸热播，深受民众喜爱。

（七）两岸出版交流。两岸出版交流合作覆盖出版、印刷、发行各环节，内容涉及图书、报纸、期刊、电子出版物、音像制品、网络出版数据库等，两岸业界通过人员往来、举办书展、研讨会、实物进出口贸易、版权贸易、合作出版、网络文学大赛等方式和途径密切联系，扩大合作。台湾业者开始投资大陆图书零售业，大陆出版单位也在台湾开展出版物发行。2010 年，《读者》杂志成为第一份在台湾发行的大陆期刊。两岸版权贸易快速发展，合作交流日益密切，增进了台湾同胞的文化认同。

（八）两岸旅游交流。2008 年以来，两岸旅游界合作不断深化，建立两岸旅行业联谊会、两岸旅游圆桌会议、海峡两岸旅展等交流平台。大陆海峡两岸旅游交流协会和台湾海峡两岸观光协会分别在北京、上海和台北、高雄设立办事机构。2008 年 6 月海协会与台湾海基会签署《海峡两岸关于大陆居民赴台旅游的协议》

后，大陆居民赴台旅游于 7 月启动，2015 年赴台团队游人数达
200.12 万人次。2011 年 6 月大陆居民赴台个人游启动，2012 年至
2015 年，赴台个人游试点城市逐步扩大到 47 个，2015 年赴台个
人游人数达 133.48 万人次。2016 年民进党上台，两岸旅游交流合
作受到冲击。2019 年 7 月，海峡两岸旅游交流协会公告暂停大陆
居民赴台个人游试点。2020 年新冠肺炎疫情发生后，民进党当局
全面禁止大陆居民赴台，两岸双向旅游中断。2023 年，大陆疫情
防控平稳转段，宣布恢复旅行社经营台湾居民来大陆团队旅游业
务。民进党当局仍拒不解除对台湾民众来大陆团队游的禁令，饱
受台湾各界诟病。

（九）两岸少数民族交流。两岸少数民族交流热络。近年来形
成海峡两岸各民族欢度"三月三"节庆、"中秋联欢"等品牌项目。
台湾少数民族同胞积极参加历届全国少数民族文艺汇演，组织台
湾少数民族代表团参加全国少数民族传统体育运动会等。2009 年
8 月，中共中央总书记胡锦涛会见台湾少数民族代表团，对台湾
同胞遭受"莫拉克"风灾表示慰问。2011 年以来，中共中央台办、
国务院台办在重庆、内蒙古、海南等 6 个地方设立以少数民族交
流为主题的海峡两岸交流基地，国家民委在浙江景宁畲族自治县
等 19 个地方设立海峡两岸少数民族交流与合作基地，打造两岸少
数民族交流合作平台。

（十）两岸宗教和民间信仰交流。多年来，两岸佛教、道教、
基督教等宗教界形成定期交流机制。两岸佛教界先后联合举办佛
指舍利赴台供奉、世界佛教论坛等重大活动。两岸道教界交流形

成海峡两岸道文化论坛、武当文化论坛、国际道教论坛等品牌项目。台湾基督教界经常性组织教牧参访团来大陆交流，两岸基督教界 2013 年 8 月在台北举办首届两岸基督教论坛。两岸神农、妈祖、关帝、保生大帝、开漳圣王、清水祖师、临水娘娘等民间信仰交流频繁，成为两岸交流的亮点。大陆各民间信仰祖庙在岛内信众中享有崇高地位，台湾妈祖信众每年到大陆有关省市特别是福建湄洲妈祖祖庙进香谒祖达 30 万人次。福建湄洲妈祖祖庙金身 1997 年巡游台湾，山西关公祖庙圣像 2013 年首次赴台巡游，均引起轰动。多年来，台湾各界人士积极应邀参加陕西、河南、山西、湖北、湖南、浙江、甘肃等省每年定期举办的清明公祭轩辕黄帝典礼、黄帝故里拜祖大典、世界华人炎帝故里寻根节、海峡两岸神农文化祭、公祭中华人文始祖伏羲大典等中华人文始祖祭祀活动，共同弘扬中华文化，增进中华民族认同。

（十一）两岸工会和妇女交流。两岸工会界交流不断深化，大陆民航、铁路、海员、邮政等产业工会及北京等地方工会，与台湾相关产业工会和县市工会之间对口联系日益密切，两岸职工交流内容日益丰富多彩。海峡两岸职工论坛等活动，成为两岸工会界交流的重要平台。两岸妇女界联系密切，互访频繁。海峡妇女论坛等活动已成为两岸妇女交流品牌项目。

（十二）两岸基层民众交流。近年来，两岸基层民众交流方兴未艾，为两岸交流增添了蓬勃活力。越来越多的大陆交流团组深入到台湾城市社区、村舍祠堂、工厂学校、田间地头，与台湾的工人、农民、教师、学生等普通民众面对面交流；越来越多的台湾乡镇市民代表、村里长、农渔民、中小企业负责人、中小学教师、宫庙信众、客属乡亲、姓氏宗亲等基层民众来大陆交流、参访。2009 年至 2024 年，两岸 80 余家机构和团体共同在福建举办了 16 届海峡论坛。海峡论坛坚持民间性、草根性、广泛性定位，已成为参与机构最多、活动规模最大、涉及范围最广、民间色彩最浓的两岸交流活动。已举办大小活动 710 余场，累计吸引两岸同胞 34 万余人次参与，其中台湾同胞超过 13 万人次。台湾嘉宾以基层民众为主，涵盖 30 多个界别，中国国民党、亲民党、新党等岛内党派代表、县市长和民意代表等也多次参加历届活动。2023 年 6 月，习近平总书记向第十五届海峡论坛致贺信，引发广大台胞强烈反响。

两岸人员往来与各项交流扩大、深化、密切，不断促进两岸同胞相互了解、理解和融洽感情，不断增进两岸同胞共同的文化、民族认同，不断增强两岸同胞发展两岸关系的民意基础，为两岸关系发展发挥了重要作用。

第三节　两岸经济交流与合作

两岸经济在资源、技术、市场、人力等方面存在互补关系，加强两岸经济交流合作具有便利条件和深厚基础，符合两岸同胞共同的利益和愿望。自 1979 年开始，大陆方面就主张开展两岸经济交流合作。两岸隔绝状态被打破以来，经过 30 多年的发展，两岸经济交流合作取得显著成就，形成互惠互利的良好发展局面。

一、两岸经济交流合作的起步和发展

从 1949 年至 1978 年的 30 年间，两岸经贸往来基本中断。大陆方面 1979 年开始实行和平统一方针政策后，采取一系列政策措施，争取实现两岸通航、通邮、通商，开展两岸经济交流，推动两岸经济关系发展。两岸经香港的转口贸易逐步扩大，少量台商开始经香港等地到大陆间接投资。

1987 年 11 月，两岸隔绝状态被打破，两岸经济交流合作随之发展起来。台湾厂商纷纷到大陆考察，两岸企业商务接触趋于频繁。针对这一形势变化，大陆方面采取一系列措施，积极鼓励台商到大陆投资与贸易，促进两岸经济技术交流。1988 年 7 月，国务院发布《关于鼓励台湾同胞投资的规定》，对台商投资合法权益提供保障，并予以较大优惠与便利。为有效吸引台资，1989 年 5 月至 1992 年 12 月，国务院批准在福建省马尾、杏林、海沧、集美设立台商投资区。有关部门专门设立台资项目配套资金，为台商在大陆投资的融资提供方便。

1992 年春邓小平南方讲话发表后，大陆加快改革开放步伐，为两岸经济交流合作提供了历史性机遇。1992 年至 1993 年两岸接触商谈开展，为经济交流合作营造了较好氛围。台商对大陆投资热情空前提高。大陆方面因势利导，加大力度推动两岸经济交流合作。为保护台商投资正当权益，全国人大常委会 1994 年 3 月审议通过《中华人民共和国台湾同胞投资保护法》，国务院 1999 年 12 月发布这部法律的实施细则。为吸引台商投资，国务院 1994 年 4 月召开对台经济工作会议，要求对台商投资的领域、项目、方式

采取"同等优先、适当放宽"的原则。为搭建两岸产业合作平台，大陆方面在南京、沈阳、武汉、成都设立海峡两岸科技工（产）业园区，在海南、福建全省和10多个省区市部分地区设立海峡两岸农业合作试验区或台湾农民创业园。此外，各部门各地区积极为台商投资创造有利条件，国务院台办和各地台办成立台商投诉协调机构。2007年成立全国台湾同胞投资企业联谊会，在此前后台资企业集中地区成立的150多个台湾同胞投资企业协会，成为台商和政府联系沟通的重要桥梁。各部门各地区举办的两岸经贸活动，为两岸工商企业界交流合作提供平台。

面对两岸经济交流合作日益发展的形势，台湾当局被迫调整对大陆经贸政策，1989年6月开放大陆货物间接进口台湾，1990年10月开放台湾厂商到大陆从事间接投资或技术合作。但台湾当局出于自身政治的需要，不断设置障碍，阻挠两岸全面直接双向"三通"和经济关系发展。1993年底，李登辉推行"南向政策"，试图通过引导台商向东南亚投资，分流台商对大陆投资。1996年9月，李登辉提出对大陆经贸交流要"戒急用忍"。之后，台湾当局制定更严苛的对大陆投资政策，限制大企业及重要产业对大陆投资，特别是限制从事基础建设的大项目，并对台商投资大陆实行流量管制。陈水扁2000年上台后，于2001年11月提出"积极开放、有效管理"的大陆经贸政策，在严格限制台商在大陆从事基础建设和高科技项目投资的前提下，允许台商直接投资大陆，简化审查标准，放宽单个企业对大陆投资上限。2006年，陈水扁为配合其"台独"分裂图谋，又将大陆经贸政策原则改为"积极管理、有效开放"，重回紧缩对大陆经贸政策的老路，对台商投资大陆进行更严格的审查和管理。民进党当局不断进行"台独"分裂活动，挑起两岸关系紧张，制约了两岸经济交流与合作。

在大陆方面积极推动和两岸工商界努力下，两岸经济关系总体上不断发展。从 1978 年至 2007 年，两岸年贸易额从 0.5 亿美元增长到 1244.8 亿美元，大陆成为台湾最大的贸易伙伴、出口市场和贸易顺差来源地。按商务部统计，截至 2007 年底，大陆方面累计批准台商投资项目 75146 项，台商实际投资 457 亿美元，如果加上台商经第三地对大陆的投资，这一数字还要大得多。同时，台湾成为大陆重要的外资来源地之一。大陆长期是台商对外投资的首要目的地，吸收台商对外投资的 50% 以上。珠江三角洲、长江三角洲、环渤海地区、福建沿海地区聚集大量台商投资，形成大规模的制造业生产能力。台商投资由早期的劳动密集型产业，逐步发展到资本密集和技术密集型产业。

同时，从 1979 年到 2007 年，在大陆方面不懈努力下，两岸通邮、通航也逐步取得局部进展。

通邮通讯方面：1979 年 2 月，大陆邮电部门率先经第三地向台湾开办邮政和电信业务。从 1989 年 6 月起，台湾邮局开始直接收寄到大陆的信件，台湾电信也通过第三地对大陆开通直拨电话和电报业务。两岸逐步开办普通邮政和电信业务。1993 年 4 月后，两岸有关方面依据海协会与海基会达成的《两岸挂号函件查询、补偿事宜协议》，开始办理挂号函件业务。

海上通航方面：1979 年起，大陆各大港口开始接待台湾船舶。

1997 年 4 月，福州、厦门至台湾高雄港启动试点直航，两岸方便旗船（即两岸资本的船公司在外国注册并挂外国旗的船）经高雄港转运大陆的外贸货物，结束了海峡两岸 48 年间商船不能直接通航的历史。1998 年起，两岸贸易货运船舶经第三地"换单不换船、一船到底"航行两岸。2001 年 1 月，福建沿海与金门、马祖间开通直接客货运输。

航空运输方面：澳门航空公司、港龙航空公司班机先后于 1995 年 12 月、1996 年 8 月开始，分别经澳门、香港机场一机到底飞行两岸。2003 年，大陆方面为便利大陆台商回台湾过春节，首次开办台商春节包机，但台湾当局只同意台湾飞机单程载客、经停港澳机场往返上海。2005 年，春节包机扩展为双方航空公司共同参与、两岸多个城市对飞、双向都可载客、不再中停香港机场而只需飞越香港上空，这使大陆民航客机自 1949 年以来 56 年后首次得以在台湾机场降落。2006 年两岸春节包机搭载对象扩大为所有持有效证件的台湾同胞。2006 年 6 月，两岸民航行业组织商定在中华民族传统节日清明、端午、中秋、春节均为台湾同胞开办客运包机，并开办专案货运包机和医疗包机。

二、推进两岸经济关系正常化、制度化、自由化

2008 年 5 月后，两岸关系实现历史性转折，开创和平发展新局面。大陆方面抓住难得机遇，大力推动两岸经济交流合作加快发展。台湾当局也放宽对两岸双向投资、金融往来等方面的限制，促进两岸经济合作。通过双方共同努力，两岸经济合作取得一系列突破性的重要进展。

（一）两岸经济合作机制初步建立。从 2008 年 6 月到 2015 年 8 月，两岸签署 23 项协议、达成多项共识，着力解决两岸"三通"和金融、农产品检疫检验、知识产权保护、投资保护和促进等方面合作中存在的制度性问题，建立联系沟通机制，促进互利合作。

2010 年 6 月两岸签署《海峡两岸经济合作框架协议》（ECFA），双方同意本着世界贸易组织（WTO）基本原则，考虑双方经济条件，逐步减少或消除彼此间的贸易和投资障碍，创造公平的贸易与投资环境，增进双方贸易与投资关系，建立有利于两岸经济繁荣与发展的合作机制。双方成立两岸经济合作委员会，并初步设立 6 个工作小组，负责相关后续协议磋商、推动相关领域合作。为使两岸民众尽早从协议中受益，两岸商定实施货物贸易和服务贸易早期收获计划，对双方部分贸易产品采取关税减让措施，开放部分服务贸易行业。这一协议签署实施，建立了两岸特色的经济合作机制，明确了两岸经济关系向正常化、制度化、自由化方向推进。协议于 2010 年 9 月生效，早期收获于 2011 年 1 月全面实施。

（二）两岸全面直接双向"三通"。根据两岸协议，两岸于 2008 年 7 月开放常态化包机。2008 年 12 月，两岸空运直航、海运直航、直接通邮正式实施。空运方面，两岸建立直达航路，实现空管直接交接，开办货运包机，大幅增加航点班次。2009 年 8 月两岸空运直航由包机发展为定期航班。至 2015 年底，大陆主要空港基本都开通到台湾的直达航班，客货运航班数量也根据两岸人员和货物往来需要不断增加，两岸共开通 71 个直航航点、每周可在两岸间安排 890 个客运航班。海运方面，两岸直航港口 85 个，两岸资本并在两岸登记的船舶经许可得从事两岸间客货直接运输。邮政方面，实现两岸直接全面的邮政业务合作。直接连通两岸的厦金（厦门—金门）光缆和福淡（福州—淡水）光缆分别于 2012 年 8 月、2013 年 1 月建成开通。在通商方面，2009 年 6 月底，台湾开放大陆企业赴台投资，标志着大陆方面努力推动 30 年之久的两岸全面直接双向"三通"得以实现。

（三）两岸金融合作取得突破。2009 年，两岸签署金融合作协议和金融监管合作谅解备忘录，之后大陆又通过两岸协议，为台湾金融机构来大陆开展业务提供优于外资的条件。银行业方面，截至 2023 年底，共有 16 家台资银行在大陆设立了 5 家法人银行、25 家母行直属分行和 4 家代表处，台资银行在大陆的营业性机构网点达 84 家。大陆银行业机构在台设立了 3 家分行（中国银行台北分行、建设银行台北分行、交通银行台北分行）和 2 家代表处（招商银行台湾代表处、农业银行台湾代表处）。保险业方面，共有 8 家台湾保险机构在大陆设立了 8 家代表处，台湾保险机构在大陆参股设立了 4 家寿险公司、2 家产险公司及 2 家保险经纪人公司。证券业方面，台湾证券机构在大陆设立 1 家两岸合资全牌照证券公司、4 家两岸合资基金管理公司。2012 年 8 月，两岸货币管理机构签署货币清算合作备忘录，建立货币清算机制，台湾地区人民币业务于 2013 年 2 月正式开办，发展势头良好。大陆方面积极采取措施，持续改善台资企业融资环境。

（四）两岸经济界交流合作广泛深入。2008 年 5 月以后，两岸经济交流团组和人数大幅上升，两岸企业、经贸团体之间广建交流合作机制。2012 年两岸数十家单位联合举办海峡两岸企业家紫金山峰会，2013 年两岸分别成立"两岸企业家峰会"社团，为两岸经济企业界交流搭建高端平台。两岸经贸文化论坛、各地举办的涉台经贸洽谈会和博览会等高层次交流活动接连不断，许多省区市主要领导干部率团赴台开展经贸活动，促进两岸经济合作。

（五）两岸贸易和台商对大陆投资出现新特点。两岸贸易保持增长势头，贸易额不断创出新高，台湾对大陆和香港出口占其总出口比例持续提升。两岸贸易结构优化，科技含量不断提升。台湾液晶面板、半导体等产业，新能源产业，服务业尤其是医疗、金融业等，加快向大陆投资。台商投资向大陆中西部、东北地区扩展。大陆有关方面积极采取措施，不断优化营商环境，协助台商台企加快转型升级，拓展大陆内销市场。

（六）两岸产业合作迈向制度化、机制化。2008 年 5 月后，两岸有关方面共同推动有规划指导、政策支持、产学研参与的新型产业合作，建立合作机制，选取无线城市、半导体照明、冷链物流、液晶显示器、电动汽车、医药、纺织作为试点项目，探索产业合作新模式。根据《海峡两岸经济合作框架协议》规定，两岸经济合作委员会产业合作工作小组就合作愿景、目标等达成多项共识。海协会与台湾海基会第七次会谈达成关于加强两岸产业合作的共同意见，以各自规划重点产业作为优先合作领域，选定合作项目，并由两岸业务主管部门负责推动，促进两岸产业合作制度化、机制化。

（七）海峡西岸经济区建设加快推进。国家"十一五"规划纲要提出，支持海峡西岸和其他台商投资相对集中地区的经济发展，带动区域经济发展。2009 年 5 月，国务院发布《关于支持福建省加快建设海峡西岸经济区的若干意见》，明确把海西经济区建成两岸人民交流合作的先行先试区域和经贸合作的紧密区域、文化交流的重要基地、直接往来的综合枢纽，并赋予一系列优惠政策。依据国务院意见，还将积极推动将平潭建成两岸合作的综合实验区。2011 年，国务院批准《平潭综合实验区总体发展规划》《厦门市深化两岸交流合作综合配套改革试验总体方案》。海峡西岸经济区在两岸交流合作中的前沿平台作用更加突出，先行先试作用更为突显。

2008 年 5 月以后两岸经济关系的突破性重要进展，为两岸其他领域的交流合作提供了强劲动力，为两岸关系和平发展奠定了更坚实的经济基础。

三、党的十八大以来两岸经济合作与融合发展不断取得新进展

党的十八大以来，各地区各部门深入贯彻新时代党解决台湾问题的总体方略，推动两岸经济合作与融合发展持续走深走实，积极服务国家经济社会发展全局和对台工作大局。

（一）习近平总书记的重要论述为两岸经济合作与融合发展举旗定向。2017 年 5 月，习近平总书记致信祝贺全国台企联成立 10 周年，充分体现了对广大台商的高度重视和深情关怀，坚定了台

商台企扎根大陆发展的信心。2019年1月，习近平总书记在《为实现民族伟大复兴　推进祖国和平统一而共同奋斗》重要讲话中提出"我们要积极推进两岸经济合作制度化，打造两岸共同市场""两岸要应通尽通，提升经贸合作畅通、基础设施联通、能源资源互通、行业标准共通"等重大政策主张，为推进新形势下两岸经济合作指明了目标与路径。2021年习近平总书记在福建考察时指出，"要突出以通促融、以惠促融、以情促融，勇于探索海峡两岸融合发展新路"，开启了全面深化两岸融合发展的重要进程。2023年11月，习近平总书记在致两岸企业家峰会10周年年会贺信中指出，"实现中华民族伟大复兴为两岸经济合作开辟广阔空间，实现中华民族伟大复兴需要两岸同胞共同奋斗"，站在新的历史高度明确了两岸经济产业合作的前景与使命。

（二）探索两岸融合发展新路、深化两岸融合发展不断取得新突破。2023年9月，《中共中央　国务院关于支持福建探索海峡两岸融合发展新路建设两岸融合发展示范区的意见》正式发布，以高规格文件形式将闽台融合发展纳入国家战略规划，带动各地出台更多深化与台湾融合发展的新措施。福建省发布贯彻落实《中共中央　国务院关于支持福建探索海峡两岸融合发展新路建设两岸融合发展示范区的意见》的22条实施意见，涉及经济、社会、文教等领域，初步形成台胞台企在闽享受同等待遇政策体系，闽台各领域交流合作持续热络，福建全域融合发展扎实推进。

（三）惠及台胞台企的政策体系持续构建完善，为深化两岸经济合作提供有力保障。中央台办会同有关部门先后出台《关于促进两岸经济文化交流合作的若干措施》《关于进一步促进两岸经济文化交流合作的若干措施》《关于应对疫情统筹做好台资企业发展和推进台资项目相关工作的通知》《关于支持台湾同胞台资企业在大陆农业林业领域发展的若干措施》《关于引导支持台胞台企参与"十四五"规划实施的通知》等政策措施，扩大开放台湾居民在大陆申设个体工商户地域、行业，持续为台企台农台青到大陆投资兴业提供发展机遇、同等待遇，台胞获得感、幸福感、民族复兴参与感显著增强。支持符合条件的台企在A股上市，目前大陆上市台企累计达65家。

（四）高质量建设两岸经济合作平台，推动台企落地发展。2023年9月，国务院批复《东莞深化两岸创新发展合作总体方案》，继续探索在台胞台商聚集地区引导转型升级、深化创新发展的新路径和新模式。国务院台办会同有关部门先后在广西、四川、湖北、江西、湖南、重庆设立6个海峡两岸产业合作区，在福建、安徽设立海峡两岸集成电路产业合作试验区，在福建设立海峡两岸生技和医疗健康产业合作区，在山东设立海峡两岸新旧动能转换产业合作区，充分发挥各地资源禀赋和产业发展优势，因地制宜打造台商台企集聚发展高地。设立台湾农民创业园、海峡两岸乡村融合发展试验区、海峡两岸渔业交流合作示范区、海峡两岸生态农业合作先行实验区等两岸农业合作园区，积极鼓励台胞台企参与城乡融合发展。

（五）创新办好两岸经贸交流活动，助力两岸各领域交流合作。举办两岸企业家峰会年会及系列交流对接活动，为两岸经济产业合作铺路搭桥。指导各地举办京台科技论坛、浙江·台湾合作周、海峡两岸经贸交易会、赣台经贸文化合作交流大会、鲁台经贸洽谈会、东莞台博会、湖北·武汉台湾周等涉台经贸活动，为加强各地与台湾经贸文化交流搭建平台，支持台商台企扎根大陆发展、拓宽台商台企融入国内大循环途径。累计设立海峡两岸青年就业创业基地和示范点 81 家，为台湾青年提供就业创业辅导、法律咨询等服务，支持台资企业雇佣台籍员工，促进两岸青年交流合作。

（六）以经促政维护两岸关系和平发展正确方向。2010 年 6 月，《海峡两岸经济合作框架协议》（ECFA）签署以来，大陆履行承诺，积极推动和保障 ECFA 生效和实施，给台湾民众和业界带来切实利益。但民进党当局上台后不仅不采取切实举措解除对大陆歧视性贸易限制，还变本加厉、顽固坚持"台独"立场，不断加剧谋"独"挑衅，阻挠破坏两岸经济正常交流合作。大陆有关部门不得不启动对台贸易壁垒调查并部分中止 ECFA 项下给予台湾产品的关税优惠。2023 年 4 月，大陆宣布就台湾地区对大陆贸易限制措施进行贸易壁垒调查。2023 年 12 月，大陆宣布中止原产于台湾地区的 12 个税目进口产品适用 ECFA 协定税率。2024 年 6 月，大陆方面宣布中止原产于台湾地区的 134 个税目进口产品适用 ECFA 协定税率。2024 年 9 月，大陆宣布停止执行原产于台湾地区的 34 项农产品免征进口关税政策。相关举措给民进党当局谋"独"挑衅和外部势力干涉予以有力震慑。

随着上述举措落地见效，两岸经济合作和融合发展持续取得新进展。一是两岸经贸关系稳定增长。两岸贸易额自 2018 年超过 2000 亿美元、2021 年超过 3000 亿美元，长期维持高位，2023 年为 2678.4 亿美元。2024 年上半年为 1326.8 亿美元，同比增长 7.6%，实现企稳回升。大陆仍为台湾贸易顺差主要来源地及最大进出口市场。二是台商投资大陆稳中有进。一批台商投资重点项目落地，两岸合资规模最大的石化项目福建古雷炼化一体化项目于 2021 年 8 月建成投产；厦门联芯集成电路项目产能持续扩充；富士康江西省赣州市智能制造项目建成投产，并在河南省郑州市投资建设新事业总部。据商务部统计，2023 年我批准台商投资企业 7777 个，累计新设台资企业 13.8 万家，实际利用台资累计 727.3 亿美元。三是大陆台资经济发展呈现积极变化，更符合高质量发展要求。在经营模式上，台企从"两头在外"的加工贸易型向"面向大陆、扎根大陆"的内需主导型转变。在区域布局上，台商台企自珠三角、长三角向中西部、东北地区梯度转移步伐加快。在投资结构上，大陆台企从劳动密集型向资本、技术密集型演进，并从制造业扩展至现代服务业及现代农业。

台胞台企在大陆投资兴业三十余年，共同见证了改革开放的巨大成就，共同书写了融合发展、共创未来的亮丽篇章。未来随着大陆经济发展不断塑造新动能新优势，以中国式现代化推进强国建设、民族复兴伟业不断取得新进展新突破，将持续为台胞台企在大陆发展提供新机遇，为两岸经济合作和融合发展创造更有利条件、开辟更广阔空间。

第四节　对台宣传

　　对台宣传，承担着宣传中央对台方针政策、阐释发展两岸关系与实现祖国统一重要主张、引导涉台舆论等重任。进入新时代，对台宣传在面向广大台湾同胞讲好大陆发展故事、两岸融合发展故事、中华优秀传统文化故事、反"独"促统故事方面发挥着重要作用，有效增进两岸同胞相互了解和理解，为推动两岸关系和平发展、推进祖国统一进程营造了良好舆论氛围。

一、对台宣传发展历程

　　1949 年以来，对台宣传大致经历了五个阶段。

　　（一）两岸军事对峙状态下的"隔海喊话"（1949—1978 年）。1949 年以后，两岸军事对峙近 30 年，对台宣传主要方式是无线电台广播和空飘、海漂宣传品。1953 年 3 月，福建厦门设立"对金门广播组"。1954 年 8 月，中央人民广播电台设立对台湾广播部。1958 年 8 月，中国人民解放军建立福建前线广播电台。这一时期的对台宣传，主要是贯彻中央关于解放台湾的方针，反制台湾当局所谓"反攻大陆之心战"，揭批国民党在台湾的反动独裁统治，宣传大陆社会主义建设成就。

　　（二）宣传"和平统一、一国两制"方针政策，打破两岸隔绝状态（1979—1987 年）。1979 年后，大陆方面实行"和平统一、一国两制"方针并采取措施缓和台海形势，相应停止了对台湾的空飘、海漂和前沿喊话。这一时期对台宣传的主要任务是宣传"和平统一、一国两制"的方针政策。1979 年全国人大常委会《告台湾同胞书》和之后有关方面相继发布的对台重要文告，大陆各界呼吁恢复两岸往来、早日实现"三通"、发展两岸关系、促成祖国统一等主张，均经由通讯社、广播、电视等新闻媒体向台湾和海外播发，在海内外形成强大舆论。台湾媒体出现呼应开放老兵返乡探亲的声音，《自立晚报》突破当局禁令，派出 2 名记者绕道日本来大陆采访。这一时期的对台宣传，对打破两岸隔绝状态、促使台湾当局开放台湾民众返乡探亲发挥了重大作用。

（三）宣传促进两岸交流合作，开展反"台独"舆论斗争（1987—2008 年）。随着两岸人员往来和经济文化交流合作的发展，对台宣传的形式和渠道逐渐多样化，两岸记者采访、新闻交流和媒体驻点逐步形成双向化，宣传媒介除新闻通讯、广播影视、报刊书籍外，还有画册、折页、音像制品等，并逐渐建立新闻网站。这一时期对台宣传主要内容：一是继续宣传"和平统一、一国两制"基本方针与党和国家领导人关于发展两岸关系、推进祖国和平统一进程的主张；二是宣传大陆方面坚持一个中国原则、促进两岸关系改善发展、造福两岸同胞的政策举措，以及两岸加强交流合作及其成果；三是宣传海协会与台湾海基会商谈及其成果等；四是宣传中国共产党与国民党、亲民党、新党开展交流对话、共同推动两岸关系发展；五是针对李登辉、陈水扁的"台独"分裂言行，开展声势浩大的反"台独"反分裂、反对"两国论"、反对两岸"一边一国"分裂主张、反对通过"宪政改造"和"入联公投"谋求"台湾法理独立"等舆论斗争，坚定维护一个中国原则，有力打击"台独"分裂行径，为 2008 年 3 月取得反"台独"斗争胜利、推动两岸关系从紧张动荡走向和平发展发挥了重要作用。

（四）宣传两岸关系和平发展重要思想及其政策主张，营造改善发展两岸关系的舆论氛围（2008—2012 年）。2008 年 5 月以后，两岸关系开创和平发展新局面，对台宣传内容更加丰富，形式、平台、渠道日益增多。两岸双方在反对"台独"、坚持"九二共识"的共同政治基础上增进互信、良性互动，两岸两会恢复商谈并取得一系列重要成果，两岸实现全面直接双向"三通"，两岸经济合作扩大和深化，两岸各界形成大交流态势，成为对台宣传的重要内容。台湾民众对大陆和两岸关系新闻资讯的需求不断增加，台湾媒体到大陆驻点采访，报道两岸重大活动和大陆重要政治、经济、文化活动大幅增多。两岸新闻交流热络，中央和地方主要媒体赴台驻点增加，各地积极开展与台湾媒体的交流合作，媒体纷纷开设涉台专版、专栏、专题，网络媒体开设涉台频道。涉台图书成为出版界的热点，涉台影视创作出现一批精品力作。

（五）宣传习近平总书记关于对台工作的重要指示批示精神和新时代党解决台湾问题的总体方略（2012 年至今）。党的十八大以来，习近平总书记就对台工作提出一系列重要理念、重要政策主张，形成新时代党解决台湾问题的总体方略。新时代对台宣传工作，以面向台湾同胞深入宣介党的十八大、十九大、二十大精神，习近平总书记关于对台工作的重要指示批示精神和新时代党解决台湾问题的总体方略为中心任务，推动对台方针政策在海峡两岸和海外更加深入人心。2012 年至 2016 年 5 月，大力宣传报道两岸关系和平发展巩固深化取得的重要成果，对 2015 年 11 月 7 日习近平总书记与台湾地区领导人马英九在新加坡会面的历史性事件，两岸媒体广泛积极报道。2016 年 5 月民进党上台后，大陆方面组织学者、引导媒体深入揭批民进党当局顽固坚持"台独"立场、不承认"九二共识"，推行"抗中谋独""倚美谋独""以疫谋独"，针对美众议院议长佩洛西窜台和蔡英文、赖清德"过境"窜美及民进党当局宣称"两岸互不隶属"等坚决开展舆论斗争。受民进党当局阻挠，两岸媒体交流、影视出版合作等受到明显冲击，但仍克难前行，取得积极成果。同时，精心组织两岸媒体广泛深入报道 2024 年 4 月 10 日习近平总书记会见马英九及台湾青年一行重大活动和重要讲话精神，宣传祖国大陆竭诚为台湾同胞提供在大陆同等待遇的政策、举措和相应成效，宣传《中共中央　国务院关于支持福建探索海峡两岸融合发展新路建设两岸融合发展示范区的意见》和有关部门、地方出台的惠台利民政策措施，讲好两岸一家亲故事、融合发展故事。

二、对台宣传主要工作

对台宣传服务对台工作大局，面向境内、岛内和国际三大舆论场，传递两岸信息，沟通两岸民众，为发展两岸关系、推进祖国和平统一营造有利的舆论氛围。

（一）对台新闻报道。一是宣传中央对台方针政策。重点宣传"和平统一、一国两制"方针、发展两岸关系推进祖国和平统一进程的八项主张、两岸关系和平发展重要思想、新时代党解决台湾问题的总体方略，宣传全国人大制定的《反分裂国家法》、国务院台办和国务院新闻办联合发表的有关台湾问题白皮书，宣传大陆方面深化两岸融合发展、完善和增进台湾同胞福祉的制度和政策，传递大陆方面始终尊重、关爱、造福台湾同胞的诚意和善意，争取台湾民众支持和国际社会理解。二是报道重大涉台事件和活动。组织两岸、港澳及外国媒体记者采访报道两岸重大事件和重要活动。重点报道中央领导人会见台湾重要客人、两岸商谈、两岸政党交流、两岸"三通"、两岸交流合作等，营造有利于两岸交流合作、平等协商的气氛，努力形成支持两岸关系和平发展的舆论环境。三是宣传大陆改革开放和各方面建设成就。通过大陆新闻单位采访报道以及组织两岸记者联合采访报道，展现改革开放和中国式现代化取得的巨大成就。2008 年 5 月以来，两岸记者共同采访两岸领导人历史性会面和习近平总书记 2024 年 4 月会见马英九及台湾青年一行，党的十八大、十九大、二十大，建党百年纪念活动，纪念改革开放 40 周年，辛亥百年纪念活动，《告台湾同胞书》发表 40 周年纪念会，汶川地震重建，"神舟"飞船发射，北京奥运会，北京冬奥会，杭州亚运会等重大活动，都产生了广泛积极的影响。四是开展反对"台独"分裂活动和外部势力干涉的舆论斗争。针对台湾政局和两岸关系形势的变化，宣传大陆方面坚决反对"台独"的立场和态度，组织舆论斗争，全面深入揭批制造"两个中国""一中一台""台湾独立"和外部势力干涉的言行，表达中国政府和人民坚决维护国家主权和领土完整的坚强意志和决心，动员海内外中华儿女坚持一个中国原则，坚决制止任何分裂祖国、阻挠两岸统一进程的图谋。

（二）对台新闻发布。中共中央台办、国务院台办于 1989 年设立新闻发言人制度。国务院台办 2000 年 9 月举办首场新闻发布会，2001 年 4 月起每月定期举办 1 次例行新闻发布会，2003 年 11 月起每月定期举办 2 次新闻发布会。国台办新闻发布会对中外媒体开放，融合电视、网络视频、文字等直播形式，受到广泛关注，成为两岸同胞、港澳同胞和海外侨胞、国际社会了解中央对台方针政策、获取两岸关系讯息的权威平台和重要途径。此外，国台办还综合运用多种新闻发布形式，如适时组织专题新闻发布会、背景吹风会，或安排有关负责人、发言人接受采访和发表书面谈话，或通过电话、短信、微信及时答复记者问询等，就重要涉台问题或突发事件及时表明立场态度，不断提升新闻发布的时效和影响。

（三）两岸新闻交流。1987 年 9 月，台湾《自立晚报》两名记者冲破台湾当局阻挠，绕道日本到大陆采访，这是两岸隔绝 38 年后台湾记者首次来大陆采访。1991 年 8 月，新华社记者范丽青、中新社记者郭伟峰赴台采访"闽狮渔事件"，是 1949 年以来大陆记者首次赴台采访。1992 年 9 月，首批大陆记者参访团赴台，开启了两岸新闻双向交流。1994 年，大陆方面开放台湾媒体记者来大陆驻点采访。2000 年，台湾方面开放大陆部分媒体记者赴台驻点采访。2001 年 2 月，新华社记者范丽青、陈斌华赴台，成为首批驻点采访记者。此后，大陆赴台驻点采访媒体逐步增至 10 家。

大陆方面 1996 年 12 月公布《关于台湾记者来祖国大陆采访的规定》（2008 年 11 月修订），为台湾记者来大陆采访提供便利及管理依据。2008 年 5 月后，随着两岸关系改善，两岸新闻媒体和从业人员交流互访频繁，规模不断扩大，人数大幅增加，层次显著提升。两岸媒体之间相互协助采访、交换稿件、合作创作节目、共同举办活动，合作形式日益多样、领域持续扩大。两岸新闻交流与合作充实了两岸大交流的内涵。但 2016 年以来，民进党当局蓄意阻挠两岸交流合作，尤其在 2020 年以新冠肺炎疫情防控为由破坏大陆赴台驻点记者正常轮换，给两岸新闻交流造成严重干扰。各省、自治区、直辖市台办、有关部门和新闻媒体团结台湾新闻界克服困难、创新实践，持续开展线上线下交流合作，努力维护两岸新闻交流格局总体稳定，对沟通两岸，增进两岸同胞情感交流，推动两岸关系和平发展、融合发展发挥了重要作用。

（四）涉台教育。涉台教育是对台宣传的一项基础性工作，对广大干部群众深入学习领会中央对台大政方针特别是新时代党解决台湾问题的总体方略，全面准确认识台海形势，积极参与推动两岸关系和平发展和祖国统一进程具有重要作用。各地各部门积极开展涉台知识竞赛、专题讲座、网络直播课等活动，通过微信小程序答题、拍摄涉台知识宣传片等多种不同形式，推进中央对台方针政策进机关、进社区、进校园。《台湾问题与中国的统一》白皮书、《一个中国的原则与台湾问题》白皮书、《台湾问题与新时代中国统一事业》白皮书、《中国台湾问题：干部读本》2015 年修订版、《两岸关系 40 年历程（1979—2019）》、《血沃宝岛——中共台湾英烈》、《中国共产党与祖国统一》等涉台权威读物出版发行，为开展涉台教育提供了重要学习资料。新闻媒体的涉台新闻报道和时事述评、专家访谈、在线交流等，也增强了涉台教育的作用。

（五）网络新媒体对台宣传。中共中央台办、国台办开设政府网站，在新媒体平台建立官方政务号"国台办发布"，加强权威发布。29 个省区市台办、68 个地市台办开设涉台网站、建设新媒体平台账号。中国台湾网、台海网、华广网等涉台网站相继建立，人民网、新华网、央视网、中新网、中国网等中央新闻网站也开辟涉台频道，积极开展涉台报道。中央及地方有关单位积极通过网络新媒体开展对台宣传和两岸经贸、文化、青年交流，服务两岸网民对资讯和两岸交流往来的需求。大陆新媒体和文化、影视产业蓬勃发展，大陆资讯、视听、电商、游戏、网络文学等互联网平台（包括微信、微博、抖音、小红书、爱奇艺、喜马拉雅等）日益受到台湾网民特别是青年人的喜爱，成为两岸同胞沟通的新桥梁。两岸互联网交流合作逐步发展，数字出版、组团互访等方面的交流合作日益深入。

第五节　涉台法治工作

涉台法治工作，坚持以习近平新时代中国特色社会主义思想和习近平法治思想为指导，认真贯彻中央对台工作大政方针和全面依法治国战略部署，严格执行宪法和《反分裂国家法》，依法处理涉台事务，维护两岸同胞合法权益，规范两岸人员往来与交流秩序，促进两岸关系和平发展、融合发展和祖国统一大业。

一、涉台法治工作发展历程

自 1979 年国家实行"和平统一、一国两制"基本方针以来，涉台法治工作大致经历五个阶段。

第一阶段（1979—1991 年）：打破两岸隔绝状态，保障两岸同胞自由往来。1982 年，全国人大修改宪法，为统一后台湾实行与大陆不同社会制度预作安排。1987 年 11 月，台湾当局开放老兵返乡探亲，允许其配偶子女赴台探病、奔丧，逐步放宽两岸同胞往来限制。大陆有关方面迅速采取司法、行政措施，宣布不再追诉去台人员在新中国建政前以及建政后当地政权建立前的历史罪行，妥善处理去台人员与其大陆配偶间的婚姻、继承、房产、债权债务等历史遗留问题，确保台湾同胞来去自由。1991 年，国务院颁布《中国公民往来台湾地区管理办法》，鼓励和规范两岸人员往来。

第二阶段（1992—1999 年）：促进两岸交流，保障两岸同胞合法权益。随着两岸人员往来增长，各领域交流不断扩大，台湾同胞在大陆从事投资、贸易、文教等活动日益频繁。为了鼓励和保护台湾同胞到大陆投资、参与改革开放，密切两岸经济联系，全国人大常委会 1994 年制定《中华人民共和国台湾同胞投资保护法》，国务院 1999 年颁布《中华人民共和国台湾同胞投资保护法实施细则》。国务院各部委及有关地方相继制定一系列涉台规章或地方性法规，促进两岸通邮通航通商的发展。针对两岸交往中衍生的互涉法律问题，大陆方面积极推动两岸事务性、经济性议题商谈。在"九二共识"基础上，海协会与台湾海基会1993年签署《两岸公证书使用查证协议》等4项协议。最高人民法院1998年发布《关于人民法院认可台湾地区有关法院民事判决的规定》。上述措施体现了大陆方面坚持不以两岸政治分歧影响、干扰两岸交往与经济合作的主张。

　　第三阶段（2000—2008年）：反对"台独"分裂活动，维护国家主权和领土完整。民进党2000年至2008年5月在台湾"执政"期间，推动"台独"活动升级，谋求"台湾法理独立"。这一时期，对台工作的首要任务是反对和遏制"台独"分裂活动。2005年，全国人大通过《反分裂国家法》，将中国共产党和中国政府对台大政方针法律化。大陆各有关方面认真贯彻执行《反分裂国家法》，坚持一个中国原则，开启两岸政党交流对话，实施一系列惠台利民政策措施，争取台湾民心，沉重打击了"台独"分裂势力及其活动。陈水扁当局企图通过"宪改""入联公投"谋求"台湾法理独立"的行径遭到挫败。

　　第四阶段（2008—2016年）：推进两岸制度化协商，构建两岸关系和平发展框架。2008年5月，两岸关系实现历史性转折，走向和平发展。海协会与台湾海基会在"九二共识"基础上恢复协商。截至2016年5月底，两会签署了23项协议。随着两会协议实施，两岸交流合作逐步规范化和机制化。特别是《海峡两岸共同打击犯罪及司法互助协议》《海峡两岸知识产权保护合作协议》

及此前签署的《两岸公证书使用查证协议》，这三项重要协议对推动两岸同胞交流往来、维护两岸交流交往秩序、保障两岸同胞合法权益和福祉、密切同胞骨肉亲情、深化两岸融合发展发挥了独特作用。为妥善解决"三通"面临的法律问题，最高人民法院2010年发布《关于审理涉台民商事案件法律适用问题的规定》，规定人民法院在审理涉台民事商事案件时，可以根据选择适用法律的规则，适用台湾地区民事"法律"。这是国家司法机关首次正式认可台湾地区民事"法律"的效力，对逐步构建两岸关系和平发展框架具有重要意义。2014年10月，党的十八届四中全会强调，要运用法治方式巩固和深化两岸关系和平发展，完善涉台法律法规，依法规范和保障两岸人民关系、推进两岸交流合作，运用法律手段捍卫一个中国原则、反对"台独"，推进祖国和平统一。这是首次在党的纲领性文献中对依法治国与对台工作的内在关系作出科学总结和理论阐释，将改革开放以来的涉台法治工作的实践经验上升为理论成果。

第五阶段（2016年至今）：深化两岸融合发展，开展反分裂反干涉斗争。2016年5月以来，民进党重新上台"执政"，拒不承认一个中国原则和"九二共识"，甘为外部势力遏华棋子，不断进行谋"独"挑衅。面对严峻复杂的台海形势，在以习近平同志为核心的党中央坚强领导下，大陆方面秉持"两岸一家亲"理念，始终尊重、关爱、造福台湾同胞，持续深化两岸各领域融合发展。国务院办公厅2018年8月颁布《港澳台居民居住证申领发放办法》，台湾居民根据本人意愿申请办理台湾居民居住证，享受有关权利、公共服务和便利。2023 年 9 月，《中共中央 国务院关于支持福建探索海峡两岸融合发展新路建设两岸融合发展示范区的意见》印发，将闽台融合发展纳入国家重大发展战略，充分显示了党中央对深化两岸融合发展、推进祖国和平统一进程的高度重视与坚定信心。同时，大陆坚定捍卫一个中国原则，坚持台湾是中国的台湾，解决台湾问题是中国人自己的事，不容任何外来干涉。为反制蔡英文当局"台独"挑衅升级、"倚美谋独"，2020 年 5 月29 日，中共中央台办与全国人大常委会法工委在京举办《反分裂国家法》实施 15 周年座谈会，中共中央政治局常委、全国人大常委会委员长栗战书发表讲话，强调要深入贯彻落实习近平总书记在《告台湾同胞书》发表 40 周年纪念会上的重要讲话精神，深刻认识《反分裂国家法》的重要作用，坚决反对"台独"分裂、坚定推进祖国和平统一。在长期不懈坚决斗争下，大陆方面先后挫败岛内"台独"势力发动的"以台湾名义参加 2020 东京奥运公投"、三项"制宪修宪公投"，干脆利落打掉所有"修宪谋独"案。2022 年 8 月，在反制美国众议院议长佩洛西窜台重大斗争中，以中共中央台办发言人受权谈话形式，宣告依法对清单在列的"台独"顽固分子追究刑事责任，严惩不贷、终身追责，并宣布对长期在岛内从事"台独"分裂活动的"台独"分子杨某某采取刑事措施，以分裂国家罪依法追究刑事责任。同年 10 月，党的二十大将"坚决反对和遏制'台独'"写入党章，体现全党意志、反映人民心愿。2024 年 6 月 21 日，最高人民法院、最高人民检察院、公安部、国家安全部、司法部联合发布实施《关于依法惩治"台独"

顽固分子分裂国家、煽动分裂国家犯罪的意见》，对依法惩治"台独"顽固分子分裂国家犯罪的总体要求、定罪量刑标准和程序规范等作出明确规定。法治思维、法治方式和法治力量在推动两岸关系和平发展、融合发展，坚决反对和遏制"台独"分裂行径，推进祖国统一进程中的地位和作用日益凸显。

二、涉台法治工作的主要成效

国家已建立起以宪法为核心，以《反分裂国家法》为基本，以《中华人民共和国台湾同胞投资保护法》及其实施细则、《中国公民往来台湾地区管理办法》等为主干，涵盖法律、行政法规、地方法规规章、部门规章、司法解释以及两岸协议的涉台法律制度体系，这一体系成为中国特色社会主义法律体系的重要组成部分，对依法捍卫一个中国原则、坚决反对和遏制"台独"，规范促进两岸人员往来和各领域交流合作，保障两岸同胞合法权益，推动两岸关系和平发展、融合发展，推进祖国统一进程发挥了独特重大作用。

（一）对台工作法治程度大幅提高。基于国家法治的统一性和严肃性，民法、刑法、行政法等国家基本法律原则上一律适用于涉台事务，国家依法保障台湾同胞的权利和利益。为贯彻落实习近平总书记关于为台胞台企提供同等待遇重要指示精神，各有关方面在制定经济社会等法律法规时，更加注重对台适用性，为台胞台企享受同等待遇不断完善法律顶层设计。在两岸互动密切并具相当规模的有关领域，根据涉台事务的特殊性，国家制定了

100 余件专项涉台法律规范性文件。在宪法及宪法相关法层面，国家实行"和平统一、一国两制"基本方针，申明大陆和台湾同属一个中国、中国的主权和领土完整不容分割。在民事法律方面，依法全面保护台湾同胞历史和现实权益，认可台湾同胞在台湾地区取得的民事权利。在经贸法律方面，规定台湾同胞到大陆投资属于特殊的国内投资，保护台湾投资者的财产安全。在行政法律方面，严格规范涉台执法行为，简化涉台审批手续，建立涉台重大事项及突发事件通报和应急处理、台商权益保护等工作机制，开展涉台执法监督检查。在社会法律方面，为台湾同胞提供在大陆学习、工作和生活等方面便利，并纳入社会保障体系。在刑事法律方面，保护台湾同胞人身财产安全，打击跨两岸的犯罪。在诉讼法律方面，在一个中国原则下，通过开展两岸司法合作，确保两岸能够相互协助送达司法文书、调查取证、认可和执行民事判决及仲裁裁决。特别是党的十八大以来，按照科学立法、严格执法、公正司法、全民守法的总要求，对台工作进一步纳入法治轨道，台办系统率先开始设立首席法律顾问、法律顾问和公职律师机制。

（二）两岸司法合作成果丰硕。根据两会签署的两岸司法互助、知识产权保护、公证书使用查证等协议，在一个中国原则下，两岸业务主管部门相继建立对口联系机制，开展工作会晤，不断提高合作层次、拓宽合作领域，取得显著成果。截至 2016 年 5 月底，大陆方面向台方遣返非法入境人员、刑事通缉犯 1000 余人；两岸合作侦破电信诈骗案件上万起、抓获诈骗嫌疑人 8000 余人，联手缴获毒品 10 余吨，并在打击人口拐卖、走私、非法传销、洗钱等方面进行合作，相互委托送达诉讼文书、调查取证超过 5 万件；两岸相互寄送公证书副本近 400 万件；大陆方面共受理台湾专利优先权申请 2 万余件、商标优先权 200 余件、植物新品种权 40 件，每年受理台湾专利申请 2 万余件、台湾商标申请 1 万件左右。2016 年 5 月民进党上台，协议执行受到严重干扰冲击。

（三）台胞台企在法治领域逐步享有更多同等待遇。各有关部门持续出台相关法律措施，积极鼓励支持台胞参与国家法治建设，享有与大陆居民同等待遇。2008 年以来，司法部允许台湾居民参加国家法律职业资格考试并申请律师执业，允许台湾地区律师事务所率先在福州、厦门两市试点设立代表处，并于 2017 年将试点地域范围扩大至福建全省及上海、江苏、浙江、广东五省（市），将台湾居民律师民事诉讼代理业务范围进一步扩大至五大类 237 项，并允许台湾地区律师事务所与上述五省（市）大陆律师事务所联营、台湾执业律师受聘于大陆律师事务所担任法律顾问。截至 2023 年底，已有 600 余名台湾居民通过了国家法律职业资格考试，200 余名台湾居民成为大陆执业律师。2011 年，国家知识产权局允许台胞参加专利代理师资格考试及执业，截至 2023 年底，有近 2000 人次台胞报名参加专利代理师资格考试，469 人通过考试。2019 年最高人民法院制定发布《关于为深化两岸融合发展提供司法服务的若干措施》，在全面平等保障台胞台企权利、为台胞台企提供优质便捷司法服务、逐步扩大台胞参与司法工作等方面推出 36 条专业性、综合性、普惠性涉台政策措施。最高人民检察院 2021 年编印《"亲清"检察蓝——检察机关服务台胞台企手册》，从国家制度政策、检察职责职能、涉台服务举措、涉台办案实践四个方面，深入阐释涉台主要法律法规以及检察机关依法保护台胞台企合法权益的司法政策、制度措施。各有关方面鼓励支持符合条件的台胞担任仲裁员、调解员、人民陪审员、检察联络员等，接收台湾法律青年学生到法院、检察院、律所等参访实习，为台湾法学法律界人士参与两岸法律服务市场，融入国家法治建设进程，提供更好支持和保障。

（四）两岸法学法律界交流不断深化。两岸法学法律界交流起步于两岸交流之始，成为两岸大交流的重要组成部分。主办海峡两岸暨香港澳门司法高层论坛、两岸检察制度研讨会、两岸暨香港澳门警学研讨会等交流活动，积极推动司法高层人士互访、业务人员研习交流。分别举办商标、专利、著作权论坛，广泛宣导两岸合作保障商标、专利及植物新品种权及优先权益，合作打击仿冒、盗版活动。组织两岸司法合作、知识产权保护、行政法制和公证业务参访团互访，进行业务观摩和交流，促进双方和各方内部完善协处机制。两岸律师、仲裁、公证、基层调解、法律援助、保安及消防等行业协会建立了对口交流合作机制。海峡两岸关系法学研究会、海峡两岸法学交流促进会等各类法学专业团体与岛内法律团体交流互访，共同研究两岸法学界关心关注的法律问题。两岸法学院校开展交流，举办两岸法学院校长论坛，互派访问学者，交换培养学生，组织台湾法政专业青年学生研习营，培养熟悉两岸法治的后备人才。两岸法学法律界交流渠道增多、议题深化、领域拓宽、层级提高，巩固和发展了两岸法学法律界交流的格局。2016 年 5 月以来，两岸法学法律界克服民进党当局阻挠，继续致力于推动两岸关系和平发展，持续深化交流交往。

涉台法治工作，将认真学习贯彻习近平法治思想，贯彻落实新时代党解决台湾问题的总体方略和中央对台工作决策部署，运用法治方式巩固和深化两岸关系和平发展、融合发展，完善涉台法律法规，依法规范和保障两岸人民关系、推进两岸交流合作，保护两岸同胞权益，打击跨两岸违法犯罪活动，捍卫一个中国原则、坚决反对"台独"，坚定维护国家主权、安全、发展利益，推进祖国统一。

第六节　台湾同胞合法权益保护

依法保护台湾同胞合法权益，是对台工作的基本要求，是争取台湾民心的基础性工作。随着两岸经济文化交流日益深入，各领域融合发展持续深化，保护台胞权益工作更加重要。

一、台湾同胞合法权益保护工作发展历程

台湾同胞合法权益保护工作从无到有发展大致经历五个阶段。

第一阶段（1979—1987 年）：政治宣示保护台湾同胞投资合法权益。1979 年，两岸处于隔绝状态。1979 年元旦，全国人大常委会《告台湾同胞书》发表后，两岸经济关系得以重新起步，少量台商开始经过第三地转往大陆投资。1981 年 9 月 30 日，全国

人大常委会委员长叶剑英发表谈话，阐明了"有关和平统一台湾的九条方针政策"，其中第八条提出"欢迎台湾工商界人士回祖国大陆投资，兴办各种经济事业，保证其合法权益和利润"。这是党中央、国务院在经济投资领域努力保护台湾同胞合法权益的政治宣示。

第二阶段（1988—1999年）：专项立法保护台湾同胞投资合法权益。1988年7月，国务院颁布首部系统规范台湾同胞对大陆投资的法规《关于鼓励台湾同胞投资的若干规定》，其中第5条规定"台胞投资企业除适用本规定外，参照执行国家有关涉外经济法律、法规的规定，享受相应的外商投资企业待遇"。1994年3月，第八届全国人大常委会第六次会议审议通过《中华人民共和国台湾同胞投资保护法》。1999年12月，国务院制定《中华人民共和国台湾同胞投资保护法实施细则》，其中第27条（2020年修订后第25条）规定："各级人民政府台湾事务办事机构应当做好台湾同胞的法律宣传与咨询、投诉受理和纠纷解决等工作。"国务院各部委及有关地方相继配套制定一系列保护台湾同胞投资权益的规章或地方性法规。

第三阶段（2000—2008年）：机制化保护台湾同胞合法利益诉求。2001年底、2002年初，两岸先后加入世界贸易组织，虽然民进党当局不断制造"台独"事端，但台商仍掀起一波投资热潮，带动台属、台干来大陆生活、发展，台湾同胞利益诉求从投资领域逐渐向生活、就业等其他各领域延伸。2005年3月14日，第十届全国人大第三次会议通过《反分裂国家法》，明确规定"国家依法保护台湾同胞的权利和利益"，再次以法律形式宣示保障台湾同胞权益，且不限于投资领域。2005 年下半年，根据此前达成的共识，中国共产党和中国国民党正式建立国共两党台商权益保护工作平台，具体对接工作由中共中央台办投诉协调局与国民党大陆台商服务联系中心承担。2007 年 1 月，经中央批准，成立台商权益保障工作联席会议机制。

第四阶段（2008—2015 年）：制度化协商保护台湾同胞合法投资权益。2008 年 5 月，国民党重新"执政"。6 月，海协会与台湾海基会在"九二共识"基础上恢复协商，达成一系列推动两岸经济合作的协议和共识。2012 年 8 月，两岸签署《海峡两岸投资保护和促进协议》，明确两岸业务主管部门加强对两岸投资者及相关人员的人身自由与安全保护的具体举措。协议下设两岸投资争端协处机制，协助处理投资者与投资所在地一方的投资争端，并相互通报处理情况。

第五阶段（2016 年至今）：积极落实台湾同胞同等待遇和促进两岸融合发展。2016 年 5 月民进党上台后，两岸协商谈判、联系沟通中断，但台湾同胞在大陆投资、就业、就学、生活等更加热络，所涉权益范围迅速扩展。2018 年 2 月 28 日，中央台办、国家发改委等部门发布"31 条措施"，为台湾同胞在大陆学习、创业、就业、生活提供与大陆同胞同等待遇，促进两岸融合发展。2019年 3 月 26 日，最高人民法院发布《关于为深化两岸融合发展提供司法服务的若干措施》，首次发布依法全面平等保护台湾同胞合法权益的系统性、综合性措施。2023 年 9 月 12 日，《中共中央 国务院关于支持福建探索海峡两岸融合发展新路建设两岸融合发展示范区的意见》发布，指出要便利台胞在闽生活，完善台胞在闽就业、就医、住房、养老服务、社会救助等制度保障，依法依规将在闽台胞纳入大陆社会保障体系；要完善司法服务，打造大陆涉台司法服务优选地，为台胞台企参与两岸融合发展提供法治保障。保护台湾同胞合法权益已从经济投资领域全面扩展到与经济社会文化等权益相关的各领域，成为争取台湾民心的重要基础性工作。

二、台湾同胞合法权益保护工作主要成效

长期以来，各地各部门认真贯彻中央对台方针政策，做了大量保护台湾同胞合法权益的工作，为推动两岸关系和平发展、融合发展发挥了积极促进作用。

一是法治环境更加完善。在立法方面，形成完善的台胞权益保护法制体系。在司法方面，建立仲裁、调解、司法审判有机结合的多元解纷机制，12个省区市设立了法院联络点、法官工作室、专门审判庭；一些地方设立了检察联络室，聘请台胞担任检察联络员；还有不少台胞在大陆担任陪审员、调解员、仲裁员。在执法方面，2010年全国人大常委会对《中华人民共和国台湾同胞投资保护法》实施情况进行专项执法检查，地方台办不定期牵头组织本地区执法检查，发现问题并采取有力措施加以纠正和改进。在法律服务方面，多渠道开展涉台律师、公证、调解、援助、咨询、宣传等业务培训，推动各地台办设立台胞权益保护工作法律顾问和公职律师，引导台法律界人士进一步参与大陆法律服务市

场，融入大陆法治发展进程，服务台湾同胞。

二是工作机制更加健全。2007 年 1 月，中央和国家机关有关部委共同建立台商权益保障工作联席会议制度（2012 年 10 月更名为台胞权益保障工作联席会议制度）。联席会议由中央台办负责召集，全国人大常委会办公厅、全国政协办公厅、最高人民法院、最高人民检察院、中央纪委（监察部）、中央政法委、公安部等 33 个中央部门分管领导参加（2018 年国务院机构改革后有 35 个成员单位），就台商普遍关注的土地使用问题、海关缉私中的涉台问题、海关为台商提供进出口通关便捷化问题、台胞被依法采取强制措施后通报机制问题、滞留台胞管理工作、加强台胞人身财产安全保障工作等，研究出台有关政策措施。联席会议制度建立后，23 个省、自治区、直辖市和副省级城市也先后建立了当地台商权益保障工作联席会议制度，形成"全国一盘棋"的工作格局。

三是两岸平台有序运作。在坚持"九二共识"、反对"台独"的共同政治基础之上，根据国共两党有关方面达成的共识，中共中央台办投诉协调局与中国国民党大陆台商服务联系中心 2005 年下半年建立台商合法权益保护工作平台，通过定期会晤、转办个案等方式开展交流与合作。双方先后达成 30 项共识，内容涉及台资企业土地使用、两岸合作打击犯罪、两岸知识产权交流与合作等多个领域，妥善处理 300 余件台商权益纠纷及求助案件，至今平台仍发挥积极作用。在《海峡两岸投资保护和促进协议》两岸投资争端协处机制框架下，国务院台办投诉协调局与台方投资业务主管机构先后在福建、台湾等地召开 11 次工作会议，大陆方面处理台方转递台商投诉案件 163 件，办结 101 件，向台方转递陆商投诉案件 7 件，均获台方回复，"双向保护"渐出成效。2016 年，民进党上台拒不承认"九二共识"，两岸投资争端协处机制暂停运作。

四是涉台纠纷依法依规调处。2021 年 11 月，国务院台办与最高人民法院共同建立"总对总"涉台纠纷诉调对接机制，依托"人民法院调解平台"，为台湾同胞提供高质量、一站式、全流程在线纠纷化解服务。推动各地方台办建立起领导包案、专案督办等办案机制，形成五大工作原则，包括坚持党委领导、争取各方支持，坚持预防为主、注重日常协调，坚持依法保护、兼顾政治效果，坚持属地管理、严格落实责任，坚持尽早协调、防止问题积累等。2019 年至 2021 年，国务院台办在全国范围开展台胞投诉（求助）大案、要案、积案集中清理化解工作，历史遗留问题得到有效解决，有力保护了台湾同胞的合法权益。据不完全统计，2017 年至2023 年，各地台办共受理案件 24925 件，办结 23159 件，结案率 92.9%。

五是涉台信访稳步推进。2009 年国务院台办成立信访办，隶属于投诉协调局。2013 年 5 月，国务院台办、国家信访局联合印发《关于进一步做好涉台信访工作的意见》，对涉台信访工作范畴、责任区分、工作机制等问题进行规范和明确。2014 年 8 月，国台办投诉协调局设立信访接待窗口。自 2022 年《信访工作条例》（以下简称《条例》）发布实施以来，国务院台办抓好贯彻落实，进一步规范工作流程，促各地配套制定《条例》实施办法，福建、江苏、重庆、四川等地台办均已落实。涉台信访工作的主要职责包括做好日常群众来信来访、困难台胞救助、处理涉台信访事项，维护社会大局稳定和两岸关系大局稳定。2019年至2023年，国务院台办信访办共处理台胞、台属及热心群众来信5000余封，接待群众上访600余批次，转办大量群众建言建议；制定下发《关于生活无着的流浪乞讨台胞救助工作指南》，加强部门合作、发挥机制作用，年均解决困难台胞求助事项200余件；常态化做好敏感节点、重要活动时期维护社会稳定工作，有效处置因纠纷导致的负面舆论及群体性事件。

六是涉台突发事件及时有效处理。积极推动建立涉台突发事件处理工作机制，相继出台《关于处理重大涉台突发事件若干问题的意见》《关于台湾同胞在大陆死亡善后处理办法》《国务院台办涉台突发事件应急预案》等政策性文件。2007年8月，十届人大常委会第29次会议通过《中华人民共和国突发事件应对法》，为处理涉台突发事件提供了高位阶的法律依据。2020年中央台办出台《关于做好新形势下涉台突发事件处理工作的意见》。各地台办和有关部门建立健全涉台突发事件处理机制，积极、妥善处理各类涉台突发事件。一是完善处理涉台突发事件应急预案，确保机制有效，反应迅速，执行有力；二是各地台办协调有关部门组织力量救治伤员、排除险情、尽速查明原因；三是坚持以人为本，做好家属接待和安抚工作，协助家属做好遗体处理、死亡公证、理赔等善后工作；四是确保处理过程公开、公正、透明，符合法律程序；五是做好信息发布，及时公开事件真相和善后处理工作情况，关注舆情，澄清误解，批驳谣言。海协会在协助寻人，协查婚姻、遗产继承状况，协处经济或民事纠纷，协助证件遗失或过期的在台大陆居民返回等方面做了大量工作。

　　保护台湾同胞合法权益，符合台湾同胞安心预期和发展需要，有利于维护两岸关系大局稳定、增强台湾同胞对大陆的向心力。各地各部门必须高度重视，深入贯彻新时代党解决台湾问题的总体方略和党中央对台工作决策部署，按照全面依法治国总要求，依法保护台湾同胞权益，积极争取台湾民心，团结台湾同胞共创民族复兴、国家统一历史伟业。

第六章　两岸协商与谈判

　　上世纪 90 年代初，两岸分别成立各自授权的民间团体海峡两岸关系协会与台湾海峡交流基金会。海协会与台湾海基会达成体现坚持一个中国原则的"九二共识"，确定两岸协商谈判的政治基础，建立制度化协商管道，先后举行汪辜会谈、汪辜会晤及 16 次各层级商谈。1999 年之后 9 年间，两岸协商因政治基础遭到破坏而中断。2008 年 5 月两岸关系出现重大积极变化，两会在"九二共识"共同政治基础上重启商谈。2016 年民进党上台后拒不承认"九二共识"，两会协商再度中断。

第一节　两岸商谈的开启与波折

　　上世纪 90 年代初期，两会相继成立，并达成"九二共识"，确立共同政治基础。但汪辜会谈及其后事务性商谈的曲折与反复、两岸政治对话的探索与尝试、两会商谈的被迫中断，构成了在此期间两会商谈跌宕起伏的曲线，从正反两个方面证明了"九二共识"对两岸关系的重要性。

一、两会的成立与"九二共识"的达成

为处理两岸打破隔绝状态后两岸交往衍生的具体问题，台湾当局于 1990 年 11 月 21 日成立的海基会，接受台湾当局委托、受权与大陆方面联系和协商，处理涉及公权力的两岸事务。1991 年 12 月 16 日，大陆成立海协会，确立了与台湾海基会进行制度化接触商谈的渠道。

1991 年 4 月，国务院台办负责人在会见来访的台湾海基会负责人时，提出包括应坚持一个中国原则在内的处理海峡两岸交往中具体问题应遵循的五条原则。从 1992 年 3 月至 1993 年 4 月，两会就"海峡两岸公证书使用""开办海峡两岸挂号函件遗失查询及补偿业务"两项议题进行商谈，如何表述双方均坚持一个中国原则成为突出问题。

1992 年 10 月，两会在香港进行工作性商谈，海协会代表提出 5 种有关表述坚持一个中国原则的方案，台湾海基会代表也拿出 8 种表述方案，其中第八种（口头）表述方案是："在海峡两岸谋求国家统一的过程中，双方虽均坚持一个中国之原则，但对一个中国的涵义，认知各有不同。"香港商谈结束后，海协会研究了海基会第八种表述方案，认为可以考虑与海基会各自以口头方式表达坚持一个中国原则的态度。11 月 16 日，海协会致函海基会，提出海协会口头表述的要点为："海峡两岸都坚持一个中国的原则，努力谋求国家统一。但在海峡两岸事务性商谈中，不涉及一个中国的含义。"该函以附件的方式，将海基会在香港提出的第八种表述方案附在函后，作为双方彼此接受的共识内容。12 月 3 日，海

基会回函对此未表示任何异议。至此，双方都认为经过协商达成了各自以口头方式表达"海峡两岸均坚持一个中国"的共识，这一共识后来被称为"九二共识"。

"九二共识"的核心要义是"海峡两岸同属一个中国，共同努力谋求国家统一"。"九二共识"明确了两岸关系的根本性质，即大陆和台湾同属一个中国，两岸不是国与国关系、也不是"一中一台"。"九二共识"的达成，体现了两岸双方搁置争议、求同存异的政治智慧，确立了两岸商谈的政治基础，成为两岸关系和平发展的基石。

二、汪辜会谈及事务性商谈的曲折反复

海协会成立之初，即于 1992 年 1 月函邀台湾海基会高层访问大陆。8 月，海协会会长汪道涵再次致函台湾海基会董事长辜振甫，邀请他"就当前经济发展及双方会务诸问题，交流意见、洽商方案"，辜振甫接受邀请并提出在新加坡举行会谈。1993 年 4 月，两会进行汪辜会谈预备性磋商，达成 8 项共识，确定汪辜会谈的性质是"民间性的、经济性的、事务性的、功能性的会谈"，还草签了相关协议。

1993 年 4 月，汪道涵与辜振甫在新加坡举行会谈，签署《汪辜会谈共同协议》《两会联系与会谈制度协议》《两岸公证书使用查证协议》《两岸挂号函件查询、补偿事宜协议》4 项协议。双方同意将台商投资权益保护及相关问题、能源资源开发与交流列为后续协商内容，确定下一步拟协商的事务性议题，同意开展两岸

新闻、文教、青年、科技等领域交流。两会建立了制度化会谈机制，解决了两岸公证书使用查证、两岸挂号函件查询补偿问题。

汪辜会谈是两岸双方首次以受权民间团体名义举行的高层会谈，标志着两岸关系发展迈出了历史性的重要一步。汪辜会谈树立了在一个中国原则基础上进行两岸协商的典范，体现了两会相互尊重、实事求是、平等协商、求同存异的精神，表明了两岸中国人有足够的政治智慧解决好自己的问题。

汪辜会谈后，海协会全面落实会谈各项协议，但台湾方面却不断拖延两岸经济议题商谈。围绕"两岸劫机犯遣返""协商处理两岸海上渔事纠纷""违反有关规定进入对方地区人员遣返及相关事宜"3 项议题，从 1993 年 8 月至 1995 年 1 月，两会举行 6 次副秘书长级工作性商谈和 3 次副会长、副董事长级会谈，台湾方面企图通过事务性商谈达到制造所谓"两岸分裂分治""两岸为两个对等政治实体"的目的，导致上述议题历经 1 年 5 个月得不到解决。

为推动两岸商谈进程、打破僵局，大陆方面授权海协会积极倡议并推动举行第二次汪辜会谈。1995 年 5 月，两会商定 7 月在北京举行第二次汪辜会谈。但会谈举行前夕，李登辉 6 月赴美制造"两个中国"的分裂活动，严重破坏了两岸关系发展的基础和两会商谈的政治气氛，造成第二次汪辜会谈不能按计划进行，两会各层级商谈也全面中止。

三、汪辜会晤与两会商谈的中断

1996 年 3 月反分裂、反"台独"斗争取得阶段性重大成果后，海协会根据授权积极推动两岸政治、经济对话。1998 年 2 月，海协会致函海基会欢迎辜振甫来访。经过多次沟通和磋商，双方就辜振甫来访时间、行程等达成一致意见。

1998 年 10 月，辜振甫率海基会参访团到上海、北京访问。在上海，汪道涵与辜振甫两度会晤，就一个中国的内涵、台湾涉外事务、结束两岸敌对状态等问题对话，拉开了两岸政治对话的序幕。双方达成"四项共识"，包括两会进行政治、经济等方面的对话，进一步加强交流，在涉及两岸同胞生命财产安全方面加强个案协助，汪道涵在适当时候访问台湾等。汪辜会晤为开启两岸政治对话作了重要尝试，对两岸关系未来发展具有重要借鉴意义。

为落实汪辜会晤四项共识，1999 年海协会积极推动汪道涵访问台湾，两会原则上确定在当年秋天。但李登辉 7 月公然抛出"两国论"分裂主张，严重破坏了两会接触、交流、对话的基础，导致两会商谈、交流和日常联系被迫再次中断。

2000 年民进党陈水扁上台后，拒不接受一个中国原则，否认"九二共识"，加紧推动"台独"活动，导致两会协商无法恢复。从 1999 年 7 月到 2008 年 5 月，两会协商中断长达 9 年之久。大陆方面在坚决反对和遏制"台独"活动的同时，积极推动在一个中国原则基础上重开两岸协商谈判，授权海协会与认同"九二共识"、反对"台独"的台湾党派、团体和代表性人士开展交流对话。同时，多次与台湾相关民间行业团体就两岸包机、大陆居民赴台旅游问题进行技术性、业务性磋商。2003 年开办了台商春节包机，2006 年增开了节日包机及货运、医疗专案包机，推动两岸通航取得一些进展。

第二节　两会重启协商取得系列成果

2008 年 5 月，台湾局势发生积极变化，两岸关系发展出现难得历史机遇，海协会与台湾海基会制度化协商在"九二共识"基础上得以恢复。从 2008 年至 2012 年，两会共举行 8 次会谈，签署了 18 项协议，达成一系列共识，拓展了两岸合作领域，丰富了两岸交往内涵，推动两岸关系和平发展进程，为两岸同胞带来实实在在的利益。

一、两会协商在"九二共识"基础上恢复和推进

2008 年 5 月，台湾地区领导人马英九在就职讲话中明确表示"将继续在'九二共识'基础上尽早恢复协商"。5 月 26 日，江丙坤被选为台湾海基会董事长。同日，台湾海基会致函海协会表示："期望贵我两会在'九二共识'的基础上，尽早恢复制度化协商。"5 月 29 日，海协会回函表示"同意贵会来函意见，尽速在'九二共识'基础上恢复两会联系往来与协商谈判"，并邀请江丙坤率团访问北京。6 月 3 日，海协会第二届理事会第一次会议推举陈云林为会长，产生了新的领导机构，做好了恢复两会商谈的组织准备。

6月，江丙坤应邀率台湾海基会代表团访问北京，两会协商得以恢复。2008年6月起，两会商谈持续进行。陈云林与江丙坤相继在北京、台北、南京、台中、重庆、天津等地举行8次会谈。

二、两会协议主要成果

2008年6月至2012年8月，两会先后签署18项协议、达成多项共识，在较为广泛的领域取得重要成果，对协议范围内的交往与合作作出制度性安排。

一是促成两岸全面直接双向"三通"。2008年11月，两会签署《海峡两岸空运协议》《海峡两岸海运协议》《海峡两岸邮政协议》，两岸空运直航、海运直航、直接通邮于2008年12月正式实施。2009年4月，两会签署《海峡两岸空运补充协议》，并就大陆资本赴台投资事宜达成共识，两岸经济往来从单向投资发展到双向投资。

二是促成大陆居民赴台旅游，实现1987年底两岸隔绝状态被打破以后两岸人员往来的又一次重大突破。2008年6月，两会签署《海峡两岸关于大陆居民赴台湾旅游协议》，双方同意正式实施大陆居民赴台旅游，首批开放大陆13个省居民赴台旅游。此后，两会通过换函确认大陆居民赴台旅游逐步扩大到所有省、自治区、直辖市，2011年6月起开放大陆居民赴台个人游。

三是促进两岸经济合作制度化建设，推动两岸经济合作进入新阶段。2009年4月两会签署《海峡两岸金融合作协议》，标志着两岸经济合作从实体经济发展到金融领域。2010年6月两会签署

《海峡两岸经济合作框架协议》（ECFA），并同意实施早期收获计划，对部分产品实行关税减让，并在部分服务贸易领域实施更加开放的政策措施。2012 年 8 月，两会签署《海峡两岸投资保护和促进协议》，规定了减少限制双向投资的原则和方向，丰富了一般投资保护所具有的要素和内容；同时还签署《海峡两岸海关合作协议》，以满足 ECFA 签署后对两岸贸易提供通关便利、对通关货物实施有效监管的需求。

四是建立两岸经济、社会、民生等领域交流与合作的规范，丰富两岸交往内涵。两会签署《海峡两岸食品安全协议》《海峡两岸渔船船员劳务合作协议》《海峡两岸农产品检疫检验合作协议》《海峡两岸标准计量检验认证合作协议》《海峡两岸知识产权保护合作协议》《海峡两岸医药卫生合作协议》《海峡两岸核电安全合作协议》，在相应领域建立多方面规范以及重大、突发事件协处等制度化合作机制。此外，两会还就加强两岸产业合作等达成共同意见。

五是实现两岸共同打击犯罪及司法互助，维护两岸交往秩序和两岸同胞权益。2009 年 4 月，两会签署《海峡两岸共同打击犯罪及司法互助协议》，双方同意在民事、刑事领域开展互助，采取措施共同打击双方均认为涉嫌犯罪的行为；互助送达民刑事司法文书、调查取证、移交罪赃，认可及执行民事裁判与仲裁裁决，移管被判刑人等。协议推动了两岸司法互助制度化、紧密化，在共同打击犯罪、维护两岸同胞权益方面发挥了重要作用。

第三节　新时代两会商谈的进展与再度中断

党的十八大以来，在党中央坚强领导和习近平总书记关于对台工作的重要论述科学指引下，大陆方面准确把握两岸关系时代变化，坚持一个中国原则和"九二共识"，积极推动两岸关系和平发展，推动两会商谈继续取得新进展。面对台湾当局 2016 年以来加紧推进"台独"分裂活动造成两岸协商谈判中断，大陆方面在坚决反对"台独"分裂的同时，秉持"两岸一家亲"理念，维持两会已生效协议运行，使两会商谈成果持续造福两岸民众。

一、推动两会商谈取得新进展

党的十八大报告指出，要继续牢牢把握两岸关系和平发展的主题，以巩固深化两岸关系和平发展的政治、经济、文化、社会基础为主要任务和目标，不断推动对台工作取得新的进展。报告强调加强两岸关系和平发展的制度化建设，表明愿通过平等协商，强化两岸各领域交流合作的机制化。

2012 年 9 月，林中森接任台湾海基会董事长。2013 年 4 月，陈德铭出任海协会新一任会长。

2013 年 6 月，双方在上海举行了两会新任会长首次会谈，签署了 ECFA 后续协议《海峡两岸服务贸易协议》，同时还就解决金门用水问题达成共同意见。协议旨在推动两岸服务贸易正常化和自由化进程，相互开放服务业市场，促进共同发展。大陆对台开放 80 条，台湾对大陆开放 64 条，双方市场开放涉及商业、通讯、建筑、分销、环境、健康和社会、旅游、娱乐文化和体育、运输、金融等行业。大陆方面对台市场开放水平更高、范围更广，体现了对台湾同胞的善意和诚意。但是，两岸服务贸易协议签署后，民进党等"台独"势力极力煽动台湾民众"恐中"情绪，直接诱发以学生为主体的"太阳花运动"，致使服贸协议未能生效。

2014年2月，两会在台北签署了《海峡两岸气象合作协议》和《海峡两岸地震监测合作协议》。前者旨在提升两岸气象观测、预报及气象灾害预警能力，促进两岸气象合作与发展；后者旨在提升两岸地震防灾减灾能力，促进两岸地震合作与发展。

2015年8月，两会在福州签署了《海峡两岸民航飞行安全与适航合作协议》《海峡两岸避免双重课税及加强税务合作协议》。前者旨在保障两岸民航飞行安全与维护公众利益、促进民航发展，对于两岸民航业务交流合作、完善飞行安全管理、降低民航经营成本等具有积极意义；后者有利于为两岸企业创造良好投资环境，降低两岸经贸往来中企业与个人的税收负担，同时也建立了两岸税务争端协商解决程序，搭建了税收合作平台，有利于维护良好的税收秩序。

这些协商成果进一步完善了两岸各领域交流合作机制，对推动两岸经济社会融合发展具有积极意义。

二、两会商谈再度中断

2016年5月，民进党再度上台。蔡英文5月20日表示，"会依据'中华民国宪法''两岸人民关系条例'及其他相关法律处理两岸事务"，却回避体现一个中国原则的"九二共识"。当日，中共中央台办、国务院台办负责人发表谈话，指出蔡的讲话"是一份没有完成的答卷"，并强调"国台办与台湾陆委会的联系沟通机制和海协会与台湾海基会的协商谈判机制，均建立在'九二共识'基础上。只有确认体现一个中国原则的政治基础，两岸制度化交流才能得以延续"。21日，海协会负责人也表示，"两会协商和联系机制是建立在'九二共识'共同政治基础上的，是得到两岸双方正式授权的……只要海基会得到授权，向海协会确认坚持'九二共识'这一体现一个中国原则的政治基础，两会受权协商和联系机制就得以维系"。

9月12日，台湾海基会致函海协会，告知其董事长更替，并提出期望"尽速就两岸协商事宜进行沟通联系"，但致函中未提及"九二共识"。同日，海协会负责人表示，"关于两会联系互动问题，已讲过多次，只有海基会得到授权，向海协会确认坚持'九二共识'这一体现一个中国原则的政治基础，两会受权协商和联系机制才能得以维系"。

在民进党拒绝承认体现一个中国原则的"九二共识"，致使两岸协商谈判中断的情况下，大陆方面仍然坚持主张推动两岸协商谈判，并坚持以人民为中心的发展思想，秉持"两岸一家亲"理念，努力维持两会已生效协议的运行。两会商谈成果继续为两岸交流合作发挥积极作用，持续造福两岸民众。

2017年10月，党的十九大报告明确指出，"承认'九二共识'的历史事实，认同两岸同属一个中国，两岸双方就能开展对话，协商解决两岸同胞关心的问题，台湾任何政党和团体同大陆交往也不会存在障碍"。2019 年 1 月，习近平总书记在《告台湾同胞书》发表 40 周年纪念会上郑重倡议，"在坚持'九二共识'、反对'台独'的共同政治基础上，两岸各政党、各界别推举代表性人士，就两岸关系和民族未来开展广泛深入的民主协商，就推动两岸关系和平发展达成制度性安排"。开展两岸民主协商的主张，是新时代大陆对台工作方针政策的新发展，是大陆方面继续推进两岸协商谈判的政策创新。

本着维护两岸同胞合法权益、维持两岸交流合作的原则，海峡两岸共同打击犯罪及司法互助事宜稳健有序开展，卫生健康部门通过窗口单位持续向台湾地区通报新冠肺炎疫情及法定传染病疫情相关信息，来自台湾地区的植物新品种权申请、知识产权申请、著作权认证等都得到及时受理，两岸双向直接"三通"物流仍维持一定规模。

2018 年 8 月 5 日，福建沿海地区向金门供水工程克服重重困难实现正式通水，两会共识得以落实。截至 2023 年 8 月 5 日，福建沿海地区向金门安全供水 1827 天，供水量 2800 多万吨，占金门县自来水厂日常供水总量的 73%。在通电方面，两岸有关企业、行业协会、专家学者多次就通电议题对接、交流，大陆有关方面已完成相关技术方案，福建一侧相关通电工程已开工建设。

附：2008 年至 2015 年历次两会领导人会谈及所签协议

时间	地点	签署协议
2008 年 6 月 13 日	北京	《海峡两岸包机会谈纪要》 《海峡两岸关于大陆居民赴台湾旅游协议》
2008 年 11 月 4 日	台北	《海峡两岸空运协议》 《海峡两岸海运协议》 《海峡两岸邮政协议》 《海峡两岸食品安全协议》
2009 年 4 月 26 日	南京	《海峡两岸空运补充协议》 《海峡两岸金融合作协议》 《海峡两岸共同打击犯罪及司法互助协议》 就大陆资本赴台投资事宜达成共识
2009 年 12 月 22 日	台中	《海峡两岸渔船船员劳务合作协议》 《海峡两岸农产品检疫检验合作协议》 《海峡两岸标准计量检验认证合作协议》 就共同防御自然灾害达成共识
2010 年 6 月 29 日	重庆	《海峡两岸经济合作框架协议》（ECFA） 《海峡两岸知识产权保护合作协议》
2010 年 12 月 21 日	台北	《海峡两岸医药卫生合作协议》
2011 年 10 月 20 日	天津	《海峡两岸核电安全合作协议》 公布关于继续推进两岸投保协议协商和加强两岸产业合作两项共同意见
2012 年 8 月 9 日	台北	《海峡两岸投资保护和促进协议》 《海峡两岸海关合作协议》

续表

时间	地点	签署协议
2013 年 6 月 21 日	上海	《海峡两岸服务贸易协议》 发表有关解决金门用水问题的共同意见
2014 年 2 月 27 日	台北	《海峡两岸气象合作协议》 《海峡两岸地震监测合作协议》
2015 年 8 月 25 日	福州	《海峡两岸避免双重课税及加强税务合作协议》 《海峡两岸民航飞行安全与适航合作协议》

第七章　香港、澳门特别行政区涉台事务

　　1949 年中华人民共和国成立后，由于历史遗留的香港问题、澳门问题尚未解决，香港、澳门继续实行资本主义制度，并且与台湾保持直接的人员往来和密切的民间交流。1982 年，中国共产党和中国政府为和平解决台湾问题提出"一国两制"构想，首先应用于解决香港问题、澳门问题。1984 年 12 月、1987 年 4 月，中国政府经分别与英国、葡萄牙政府谈判，先后签署解决香港问题、澳门问题的联合声明。1987 年底两岸隔绝状态结束后，由于台湾当局政策限制的原因，大陆和台湾无法直接通航、通商，香港和澳门遂成为两岸贸易、投资和人员往来的中介和桥梁。1997 年 7 月 1 日、1999 年 12 月 20 日，中国政府先后恢复对香港、澳门行使主权，成立中华人民共和国香港特别行政区、澳门特别行政区。香港、澳门回归后，港台关系、澳台关系作为两岸关系的特殊组成部分，在一个中国原则基础上继续发展。"一国两制"在港澳成功实践，对解决台湾问题起着重要的示范作用。

第一节　中央人民政府处理香港、澳门特别行政区涉台事务的基本原则和政策

　　处理好香港、澳门回归祖国后的涉台事务，是保持港澳繁荣稳定、推进祖国和平统一大业的重大问题。中央人民政府考虑到港澳的历史和现实，在认真调查研究，广泛听取包括香港、澳门人士在内各方面意见的基础上，根据"一国两制"方针和《中华人民共和国香港特别行政区基本法》《中华人民共和国澳门特别行政区基本法》精神，分别制定了《中央人民政府处理"九七"后香港涉台问题的基本原则和政策》《中央人民政府处理"九九"后澳门涉台问题的基本原则和政策》。1995 年 6 月 22 日在香港特别行政区筹备委员会预备工作委员会第五次全体会议上、1999 年 1 月 15 日在澳门特别行政区筹备委员会第五次全体会议上，国务院副总理钱其琛宣布了上述基本原则和政策。这些基本原则和政策是中央对台方针政策的重要组成部分，也是香港、澳门特别行政区政府处理涉台事务的指导方针。

　　一、坚持一个中国原则，是处理香港、澳门回归后涉台事务的指导思想

　　香港、澳门和台湾都是中国领土的一部分。发展港台关系、澳台关系，必须体现维护国家统一及主权与领土完整，符合一个中国原则。具体体现在三个方面：第一，明确界定香港、澳门特别行政区与台湾地区关系的性质是两岸关系的特殊组成部分。香

港、澳门特别行政区与台湾地区各项交流交往，应在一个中国原则基础上进行。第二，明确规定处理香港、澳门涉台问题中涉及国家主权和两岸关系的事务，包括香港、澳门特别行政区与台湾地区之间以各种名义进行的官方接触往来、商谈、签署协议和设立机构，须由中央人民政府安排处理，或在中央人民政府的指导下由香港、澳门特别行政区政府处理。第三，明确要求台湾当局认清形势，面对现实，采取务实的态度，消除各种障碍，不要企图在港台关系、澳台关系上制造"两个中国""一中一台"。高度警惕和坚决反对台湾当局任何旨在插手港澳事务、干扰港澳贯彻实施"一国两制"、破坏港澳繁荣稳定的图谋和行动。

二、继续保持和发展港台、澳台民间交流交往关系，是处理香港、澳门回归后涉台事务的基本精神

香港、澳门回归后，港台、澳台原有的各种民间交流交往关系，包括经济文化交流、人员往来等，基本不变；鼓励、欢迎台湾居民和台湾各类资本到香港、澳门从事投资、贸易和其他工商活动，依法保护其正当权益；香港、澳门与台湾地区之间的海、空航运交通予以保持，按"地区特殊航线"管理，依双向互惠原则进行；台湾居民可根据香港特别行政区、澳门特别行政区法律进出港、澳，或在当地就学、就业、定居；香港、澳门特别行政区的各类民间团体和宗教组织，在互不隶属、互不干涉和互相尊重的原则基础上，与台湾地区的有关民间团体和组织保持和发展关系。香港、澳门回归后，港澳涉台问题中的大部分具体事务，均由香港、澳门特区政府根据基本法和当地法律法规处理。

三、妥善对待台湾在港、在澳机构和人员的问题，是处理香港、澳门回归后涉台事务的重要内容

邓小平曾明确表示，"九七"后，台湾在港机构和人员"仍然可以存在"，"但是在行动上要注意不能在香港制造混乱，不能搞'两个中国'"。中央处理香港、澳门回归后涉台事务的基本原则和政策重申：台湾现有在香港、澳门的机构可以继续留存，但在行动上要严格遵守特别行政区基本法，不得违背一个中国的原则，不得从事损害香港、澳门的安定繁荣以及与其注册性质不符的活动；鼓励、欢迎其为祖国统一和保持港澳繁荣稳定作出贡献。

中央人民政府关于处理香港、澳门回归后涉台问题的基本原则和政策，对引导和推动港台关系、澳台关系朝有利于维护港澳繁荣稳定、有利于两岸关系发展、有利于祖国和平统一的方向发展，产生了广泛深远的积极影响。

第二节　台湾当局对香港、澳门特别行政区的政策

香港、澳门回归祖国前，台湾当局将之定位为"海外地区"。港澳回归后，台湾当局迫于形势变化及基于自身利益考虑，不得不承认香港、澳门成为直辖于中央人民政府的特别行政区的现实，相继作出一系列政策调整，主要体现在以下几个方面：

一、公开承认香港、澳门回归的正当性并希望继续发展港台、澳台关系

李登辉当局在香港、澳门回归前夕先后发表声明，对香港、澳门"结束殖民统治、回到中华民族怀抱"表示"欣慰"，认为港澳"作为东西文化交流及两岸人员往来、经贸往来的中介角色，不应因其地位的转变而有所改变，反而更应发挥其特殊的作用"，希望未来台湾与港澳关系"有平稳和建设性的发展"。2001 年 6 月，陈水扁当局发表"宏观与务实——现阶段港澳政策"，表示将致力于推动与港澳的交流合作。马英九当局多次作出发展港台、澳台关系的积极姿态，表示将努力促使台湾与香港、澳门的民间、官方关系更加密切。

二、将香港、澳门定位为"有别于大陆其他地区之特别区域"

1997 年 3 月，台"立法院"通过"香港澳门关系条例"，作为台湾当局处理台湾与港澳关系的主要法律依据。"条例"将港澳的定位由"海外地区"调整为"有别于大陆其他地区之特别区域"，将原由"外交部""侨委会"等部门统管港澳事务，改由陆委会统管；并设置诸多"防卫条款"和"情势变更条款"，对港台、澳台交往予以防范和限制。6 月，台"行政院"颁布"香港澳门关系条例施行细则"，并授权台"内政部""交通部""经济部"等部门陆续制定一系列配套的行政命令。台湾当局此后又陆续出台多项法规，对台湾与港澳之间的往来，包括在台设立机构、居民出入境、航运往来、赴台就学等作出详细规定。

三、反对将"一国两制"方式用于解决台湾问题

大陆方面提出用"一国两制"方式解决台湾问题、实现祖国和平统一的主张，台湾当局一直予以拒绝，声称这是"吞并中华民国""矮化台湾"，并极力抹黑"一国两制"。特别是港澳回归以来，台湾当局一再声称"中华民国是一个主权独立的国家，香港原是英国殖民地"，"一国两制"不适用于台湾。陈水扁当局出于谋求"台独"的目的，更是极力诬蔑、攻击港澳"一国两制"实践。马英九当局对台港关系、台澳关系发展较为积极，但担心在与港澳交往中地位被"矮化"，时常凸显"中华民国主权地位"，对港台、澳台交往造成困扰。蔡英文当局在香港"修例风波"期间大肆诋毁、诬蔑"一国两制"。

四、以维护香港、澳门民主自由为借口插手香港、澳门事务

1990 年 5 月，李登辉在其就职演说中声称，国民党港澳政策的目标，是通过增加在港澳的人力、物力和机构，展开二、三线部署，力争在"九七""九九"后在港澳形成实质上的"两个对等政府"。此后，李登辉当局在"对香港澳门之具体政策""现阶段港澳工作方案"中声称，要"与港澳人士共同规划维护港澳繁荣稳定"和"自由民主的生活方式"。港澳回归后，台湾当局在港澳的政治活动受到约束，但并未消失。台驻香港、澳门机构每年支持港澳亲台社团举办"双十节"活动，并介入港澳选举。陈水扁当局公然蛊惑台湾民众"支持香港人民维护人权和自由"，并"积极促使香港各界人士了解台湾自由化、民主化的经

验"。蔡英文当局插手香港事务更是变本加厉。2019 年香港"修例风波"期间，蔡英文当局不断攻击、抹黑大陆采取的一系列稳定香港局势的政策措施，干扰、阻挠香港特区政府依法施政，纵容、支持"台独""港独"势力合流，公开为反中乱港分子逃台提供庇护。

第三节　香港、澳门回归祖国后的港台、澳台关系

香港、澳门回归祖国以来，在香港、澳门基本法和中央人民政府处理港澳涉台事务基本原则和政策的指导下，香港、澳门特别行政区坚持一个中国原则，加强与台湾地区人员往来、经济合作、文化交流，继续发挥在两岸关系中的桥梁作用。2008 年至 2016 年，在两岸关系和平发展的大背景下，港澳台之间人员往来密切，经贸交流热络，公务交流频繁，港台、澳台交往逐步机制化、制度化。2016 年蔡英文上台后，两岸关系形势复杂严峻，港台、澳台关系也受到很大影响，特别是民进党当局在 2019 年香港"修例风波"期间插手香港事务、支持反中乱港分子的恶劣表现，让港台、澳台关系进一步遭受冲击。

一、人员往来情况

香港、澳门是台湾民众的重要旅游目的地和过境中转地，人员往来十分密切。港台、澳台航线是世界上最繁忙的航线之一，台北、高雄是香港、澳门机场往来航班最密集的目的地。港澳各

界每年举办上百项涉台交流活动。2016 年以来受民进党当局阻挠和新冠疫情影响，港澳台之间人员往来大幅减少。疫情前，港台、澳台人员往来规模每年基本稳定在 300 万和 100 万人次左右。2023 年台湾居民赴香港、澳门分别为 78 万、51 万人次左右，香港、澳门居民每年赴台共约 120 万人次。

二、经贸交流情况

2023 年港台贸易总额为 580 亿美元，占台对外贸易总额的 7.4%，贸易顺差高达 550 亿美元；澳台贸易总额为 1.1 亿美元。1997 年至 2023 年，香港对台投资累计金额为 79.86 亿美元，台湾对香港投资累计金额为 79.54 亿美元；1999 年至 2023 年，澳门对台投资累计金额为 0.51 亿美元，台湾对澳门投资累计金额为 1.05 亿美元。

三、公务交往情况

香港特区涉台事务由政制及内地事务局主管，澳门特区涉台事务由行政长官办公室主管。2010 年 4、5 月间，香港、台湾先后成立民间形式、官方主导、相关部门主管官员参与的港台经济文化合作协进会、台港经济文化合作策进会，作为双方对口联系机构，正式启动港台两会联席机制，就经济、文化等方面合作事宜进行磋商。澳门与台湾之间经济、文化、民生等事宜的协商，仍由澳门特区政府行政长官办公室主管。2011 年 7 月，香港、澳门特区政府分别经与台湾方面磋商，在台湾设立综合性办事机构，即香港经济贸易文化办事处、澳门经济文化办事处，其业务范围主要包括促进港台、澳台在经贸、文教、旅游等领域交流合作，协助办理民众互访所需各项手续。台湾在香港、澳门的机构"中华旅行社""台北经济文化中心"均同时更名为"台北经济文化办事处"。此外，2010 年、2011 年，香港贸易发展局、旅游发展局和澳门旅游发展局先后在台湾开设办事机构。2016 年 5 月蔡英文上台后，拒不承认体现一个中国原则的"九二共识"，两岸两会联系沟通机制中断，港台、澳台之间的制度化协商也随之停止。鉴于民进党当局在香港"修例风波"期间的所作所为给港台、澳台关系带来严重损害，香港、澳门特区政府先后于 2021 年 5 月、6 月宣布在台湾的香港经济贸易文化办事处、澳门经济文化办事处暂停运作。台湾当局在香港、澳门的机构"台北经济文化办事处"人员数量大幅缩减。

第四节　香港、澳门成功实践"一国两制"对解决台湾问题的示范作用

香港、澳门回归祖国后，重新纳入国家治理体系，走上了同祖国内地优势互补、共同发展的宽广道路。以宪法和基本法为基础的特别行政区宪制秩序稳健运行，中央全面管治权得到落实，特别行政区高度自治权正确行使。中央政府制定香港国安法，修改完善香港地区选举制度，落实"爱国者治港"原则，香港特别行政区完成香港基本法第 23 条立法，香港由乱到治、由治及兴。

香港经济蓬勃发展，澳门经济实现跨越发展，港澳各项社会事业全面进步，社会大局保持稳定。港澳积极融入国家发展大局，为国家经济平稳快速发展作出了不可替代的贡献。港澳同胞对国家发展和民族复兴的信心不断增强，对国家的认同感和向心力不断增强。"一国两制"实践取得了举世公认的成功。事实证明，"一国两制"是解决历史遗留的香港、澳门问题的最佳方案，是香港、澳门回归后保持长期繁荣稳定的最佳制度安排，是完全行得通、办得到、得人心的，是有强大生命力的。

香港、澳门回归祖国，是"一国两制"构想的成功实践，也是完成祖国统一大业的重大步骤，对解决台湾问题、实现祖国完全统一具有重要示范作用。

一、港澳实行"一国两制"，是和平解决历史遗留问题、推进祖国完全统一的创举

按照"一国两制"伟大构想，香港、澳门实现了和平回归，改变了历史上但凡收复失地都要大动干戈的所谓定势。"和平统一、一国两制"是解决台湾问题的基本方针，也是实现两岸统一的最佳方式，对两岸同胞和中华民族最有利，体现了海纳百川、有容乃大的中华智慧，既充分考虑台湾现实情况，又有利于统一后台湾长治久安。我们一定要以最大诚意、尽最大努力争取祖国和平统一。

二、港澳实行"一国两制"，是从实际出发，尊重历史、尊重现实，充分照顾各方愿望和利益，使各方都能接受的政策

用"一国两制"的办法解决香港问题、澳门问题，既实现港澳同胞摆脱殖民统治、回到祖国怀抱的愿望，又适应港澳的特殊历史环境和地位，也照顾到英国、葡萄牙等国在香港、澳门的经济利益。同样，"一国两制"在台湾的具体实现形式会充分考虑台湾现实情况，会充分吸收两岸各界意见和建议，会充分照顾到台湾同胞的利益和感情。在确保国家主权、安全和发展利益的前提下，和平统一后，台湾同胞的社会制度和生活方式等将得到充分尊重，台湾同胞的私人财产、宗教信仰、合法权益将得到充分保障。

三、港澳实行"一国两制"，是确保国家主权和领土完整并维护港澳繁荣稳定的正确选择

维护国家主权、安全、发展利益是"一国两制"方针的最高原则，在这个前提下，香港、澳门保持原有的资本主义制度长期不变，享有高度自治权。"一国"原则愈坚固，"两制"优势愈彰显。同样，按照"一国两制"办法解决台湾问题、实现台湾与大陆统一，可以确保国家主权和领土完整，维护民族根本利益和国家核心利益；可以结束两岸军事对抗，消弭两岸长期对立造成的隔阂；可以促进两岸同胞携手共谋发展，实现两岸经济优势互补、互利双赢；可以满足台湾同胞当家作主的愿望，并与大陆同胞一道共享伟大祖国在国际上的尊严与荣誉。

第八章　国际事务中的涉台问题

　　台湾问题是中国的内政，但自产生以来就受到复杂的国际因素影响。中国政府坚决维护国家主权和领土完整，坚决反对任何制造"两个中国""一中一台""台湾独立"的分裂行径。国际社会对中国政府和中国人民维护台海地区和平、推动两岸关系稳定发展、确保国家主权和领土完整的正义事业给予积极支持。

第一节　中国政府以一个中国原则
对待台湾地区对外交往活动

　　按照国际法，一个主权国家只能由一个中央政府代表。中华人民共和国政府是代表全中国的唯一合法政府，为国际社会普遍承认。台湾问题是中国核心利益中的核心，不容任何外来干涉。台湾作为中国的一部分，在国际上只能从事与其身份相适应的活动。中国政府尊重历史、尊重现实，对台湾地区在国际社会进行民间性经济文化活动不持异议。至于台湾地区参与国际组织活动问题，在一个中国原则的前提下，可以通过两岸务实协商作出合情合理的安排。

一、中国政府处理双边领域涉台事务的政策

我建交国只能同中国台湾地区发展非官方关系。1949 年以来，尽管两岸尚未统一，但大陆和台湾同属一个中国的事实从未改变。外国同台湾地区发展关系，首先必须尊重中国的主权，以坚持一个中国原则、不干涉中国内政为前提。全球与中国建交的 183 个国家，均遵照国际法和一个中国原则，承认中国政府在台湾问题上的原则立场，承诺不与台湾发展官方关系或开展任何形式的官方往来，不与台湾互设官方性质的机构，不商签任何具有主权意涵或官方性质的协议，凡与中国建交的国家，应本着互相尊重主权和领土完整、互不干涉内政的原则，不以任何形式或借口向台湾提供任何种类的武器、装备或技术。然而，美国等极少数我建交国出于政治需要和经济利益等，违背对中国政府的有关承诺，向台出售或提供武器、装备及技术。中国政府对此坚决反对。

二、中国政府处理多边领域涉台事务的政策

台湾无权加入联合国及其专门机构。联合国及其专门机构是由主权国家组成的政府间国际组织。1971 年 10 月 25 日，第 26 届联合国大会通过第 2758 号决议，恢复中华人民共和国在联合国的席位和一切合法权利，将台湾当局逐出联合国及其专门机构。这一决议体现了联合国宪章的宗旨原则，表明中国在联合国的代表权问题从政治、法律和程序上得到公正、彻底的解决。根据联大第 2758 号决议和一个中国原则，中国政府坚决反对台湾参加联合国及其专门机构，反对任何国家以任何名义或借口支持台湾加

入联合国及其专门机构。从 1992 年至 2007 年，台湾当局唆使少数国家向联合国提出所谓"台湾在联合国的代表权"问题，甚至挑战联大第 2758 号决议，提出要以"台湾"名义加入联合国。中国政府坚决反对这种制造"两个中国""一中一台"的分裂行径，连续 15 年挫败台湾当局的图谋。联合国秘书长及绝大多数联合国成员国均对中国的立场表示支持。2008 年至 2016 年，国民党在重新"执政"期间，台湾当局停止唆使少数国家向联合国提出涉台提案的活动，但继续游说少数国家支持台湾参与联合国专门机构活动。

2009 年至 2016 年，世界卫生组织（WHO）总干事陈冯富珍连续 8 年致函邀请台以"中华台北（Chinese Taipei）"名义、观察员身份参加世界卫生大会（WHA）。2013 年 9 月，国际民航组织（ICAO）理事会主席邀请台以"中华台北（Chinese Taipei）"名义、理事会主席客人身份列席国际民航组织第 38 届大会。以上相关安排，是在一个中国原则前提下，在两岸关系和平发展背景下，经过两岸协商，并参照有关国际组织实践作出的特殊安排。这一安排，符合世界卫生组织和国际民航组织有关规定，也符合国际社会普遍认同的一个中国原则。大陆方面自 2016 年起，未同意台湾方面参加国际民航组织大会；自 2017 年起，中止台湾方面参加世界卫生大会。

对于只有主权国家才能加入的政府间国际组织，台湾作为中国的一部分，不能也没有资格作为正式成员加入。对于某些除主权国家以外，允许地区参加的政府间国际组织或活动，中国政府在坚持一个中国原则的前提下，根据有关组织的性质、章程及其他实际情况，以特殊安排的方式处理台湾参与问题。上世纪 80 年代以来，台湾作为中国的一个地区，以"中国台北"（英文译为 Taipei,China 或 Chinese Taipei）等名义先后加入了多个不限主权国家参加的政府间国际组织，如以"中国台北（Taipei，China）"名义加入亚洲开发银行（ADB），以"中国台北（Chinese Taipei）"名义加入亚太经合组织（APEC），以"台澎金马单独关税区（简称'中国台北'）[Separate Customs Territory of Taiwan, Penghu, Kinmen, Matsu（Chinese Taipei）]"名义加入世界贸易组织（WTO）。在有关组织中，台湾方面均将"Chinese Taipei"译为"中华台北"。

对于非政府间国际组织及其活动，考虑到台湾经济社会发展的需要和台湾同胞的实际利益，在不违背一个中国原则的前提下，中国的民间机构和有关非政府间国际组织采取务实、灵活的措施，解决了台湾相关机构参与问题。如 1979 年 11 月，国际奥委会在日本名古屋通过决议，恢复中华人民共和国在国际奥委会中的权利，台湾奥委会改名为"中国台北奥委会(Chinese Taipei Olympic Committee)"，在改旗、改徽和改歌后继续留在国际奥委会中。目前，在两岸机构均为成员的国际非政府组织中，台湾有关机构多冠以"中国台湾（Taiwan，China 或 Chinese Taiwan）"或"中国台北 / 中华台北（Taipei，China 或 Chinese Taipei）"称谓，作为地区会员参加有关活动。

2016 年 5 月民进党上台后，加大与美国勾连，罔顾事实、颠倒黑白，拒不承认一个中国原则，妄称联大第 2758 号决议没有处理台湾代表权问题，蔑视国际关系基本准则，散布、炒作所谓"两岸互不隶属"等谬论，造成台海局势紧张动荡，损害两岸同胞利益福祉，其所作所为背离历史趋势和两岸同胞共同愿望，注定失败。

三、中国政府保护海外台胞合法权益的政策

保护台湾同胞在海外的正当合法权益，是中国政府领事保护与协助工作的重要组成部分，多年来深入践行以人民为中心的发展思想，始终秉持"两岸一家亲"的理念，为身处海外的台湾同胞提供领事保护和协助。2019 年 11 月，中央台办会同有关部门出台"26 条措施"，其中第 14 条载明，台湾同胞可在中华人民共和国驻外使领馆寻求领事保护与协助，申请旅行证件。

涉台领事保护与协助工作，主要是应对和妥善处理涉及海外台湾同胞的各类突发性事件及日常领事服务工作，包括在发生国际重大紧急事件或住在国局势发生动荡之际向海外台胞提供紧急保护与协助，协助处理台湾渔船跨海捕捞纠纷案件及其他外国涉台民事纠纷与经济、刑事案件，为在国外遭遇疫情、自然灾害或其他事故的台胞提供救助，为居住在海外的台胞提供办理旅行证件等领事服务。在中国政府有关部门及驻外机构的努力下，海外台胞权益保护工作取得实际效果，得到广大台湾同胞赞扬和国际社会肯定，台湾同胞在海外遇到困难时越来越主动求助于中国驻外使领馆。

第二节　台湾当局对外政策的演变

自台湾问题产生以来，随着国际格局和岛内局势、两岸关系形势变化，台湾当局采取了不同的对外政策。

一、台湾当局对外政策演变路线

1949年至1988年，蒋介石、蒋经国父子在台"执政"时期，台湾当局在国际上奉行所谓"汉贼不两立"的政策，极力阻挠新中国加入国际社会，阻碍外国与新中国建交。1971年第26届联合国大会通过第2758号决议，决定"恢复中华人民共和国的一切权利"，台湾当局被逐出联合国及其专门机构。1979年中美建交，台湾当局对外关系遭受严重挫折，"邦交国"大幅减少，至1988年仅剩22个。为突破"外交困境"，台湾当局小幅调整对外政策，开始推行"实质外交""弹性外交"，竭力维持"邦交国"，谋求在我建交国设立不同名目的机构，以相对低调方式参与国际组织活动。这一时期，台湾当局基本坚持一个中国立场，反对"台独"，反对某些国家策划"两个中国""一中一台"的图谋。

1988年初李登辉上台后，逐渐抛弃蒋氏父子坚持多年的一个中国立场，公开鼓吹"中华民国在台湾"，全面推行"务实外交"，图谋以"金钱外交"及"双重承认"与更多国家发展实质关系，并寻求参与国际组织的突破。在台湾当局不断诱拉下，格林纳达、巴拿马等国与台"建交"，台"邦交国"一度增加到29个。由于中国政府在国际上坚决捍卫一个中国原则，台湾当局制造"双重承认"的图谋被粉碎。1992年，台湾当局在亚洲最后一个"外交堡垒"韩国与之"断交"。1998年，非洲"外交重镇"南非与台"断交"，连锁效应扩及多个非洲和南太平洋国家。为挽救"外交"颓势，台湾当局不断加大对非洲、中南美洲和南太平洋小国的经援力度，唆使其"邦交国"在联合国、世界卫生组织提出所谓"友台"提案。但国际社会始终坚持一个中国政策，台湾当局的图谋一再遭到失败。

2000年5月陈水扁上台后，推行"台独"路线，大搞"烽火外交"，向国际社会宣传"台湾是主权独立国家"。陈水扁、吕秀莲等政要频繁"过境"美国，以提高台"国际能见度"。陈水扁当局大肆鼓噪以"台湾"名义申请加入世界卫生组织，极力推动"以台湾名义加入联合国"的公民投票。国际社会普遍反对台湾当局进行"台独"活动、破坏台海局势稳定。多米尼克、格林纳达、塞内加尔等国家先后与我建交或复交，台"邦交国"减至23个。

2008年5月马英九上台后，在对外交往上提出"活路外交"，一方面维护所谓"中华民国"的地位，另一方面寻求扩大台湾"国际空间"。在巩固"邦交"方面，提出"和解休兵"，停止与大陆恶性竞争；在发展与我建交国实质关系方面，谋求提升与美国、日本、欧盟、东盟等的实质关系；在参与国际组织方面，要求更有意义地参与政府间国际组织及非政府国际组织。

2016年5月蔡英文上台后，虽然提出了"维持现状"和"踏实外交"的主张，但拒不承认一个中国原则和"九二共识"，单方面破坏两岸关系和平发展的共同政治基础。支持和纵容各种"台独"活动，不断抛出"两国论""两岸互不隶属"等分裂言论，肆意攻击大陆，挑动两岸对立对抗，导致台海形势更趋复杂严峻。同时，配合美国等外部势力插手台湾问题，推动台湾问题"国际化"。在对外关系上奉行"亲美抗中"路线，甘当国际反华势力的"马前卒"，挟洋自重，"倚美谋独"。蓄意歪曲联合国大会第2758号决议，妄称该决议不涉及台湾，图谋在国际上制造"两个中国""一中一台"。随着我国际地位持续提升、影响力不断扩大，国际社会坚持一个中国原则的格局日趋巩固。圣多美和普林西比、巴拿马、多米尼加、布基纳法索、萨尔瓦多、所罗门群岛、基里巴斯、尼加拉瓜、洪都拉斯、瑙鲁10国先后与台湾当局断绝所谓"外交关系"，同我实现建交或复交。

2024年5月赖清德上台后，延续民进党"倚外谋独"的老路，附和美西方关于"民主自由""中国威胁"等论调，变本加厉宣扬"中华民国与中国人民共和国互不隶属"、台早已是"主权独立国家"、"中华人民共和国无权代表台湾"等分裂谬论，扬言"国家主权不容侵犯"，谋求扩大台所谓"国际影响"，凸显台湾"走向世界"。

二、台湾当局对外交往现状

台湾当局维持与一些国家的所谓"邦交"关系，是其在国际上宣传所谓"中华民国依然存在"、谋求"独立政治实体"地位的重要资本，也是其谋求参与联合国及其专门机构的主要依靠对象。截至2024年10月，与台湾当局维持"邦交"的国家仅12个，其中拉丁美洲 7 个、大洋洲 3 个、非洲 1 个、欧洲 1 个。

长期以来，台湾当局不断谋求发展与我建交国的实质关系，在我建交国设立非官方的办事机构或提升其机构规格。截至 2024 年 2 月，台湾当局在 58 个我建交国设有 98 个台北经济文化代表处或办事处，以及众多文教中心、贸易中心等机构，主要分布在北美、东南亚、东亚、欧洲、拉美等地区。台湾当局通过这些机构，游说我建交国政府、议会与台提升实质关系。截至 2024 年 2 月，有 46 个我建交国以及欧盟、索马里兰在台湾设有办事机构。

台湾当局极力谋求参与国际组织及其活动。截至 2024 年 3 月，台湾当局以正式成员或观察员身份参与了 70 个政府间国际组织。台湾各类机构参与的非政府国际组织超过 3200 个，涉及经济、金融、农林渔牧、卫生、科技、社会等领域。

第三节　国际社会对台湾问题的态度

一、一个中国原则成为国际社会普遍共识

世界上只有一个中国，大陆和台湾同属一个中国，台湾是中国不可分割的一部分；中华人民共和国政府是代表全中国的唯一合法政府。这是台湾问题的真正现状和一个中国原则的核心内容。一个中国原则是国际社会的普遍共识和公认的国际关系基本准则。1943 年《开罗宣言》、1945 年《波茨坦公告》、1971 年联合国大会第 2758 号决议等一系列具有国际法律效力的文件构成了战后国际秩序的组成部分，巩固了台湾是中国一部分的历史和法理根基。

　　一个中国原则是中国与各国建立外交关系的基础。上世纪 50 年代，刚刚成立的新中国对争取民族独立解放运动中出现的新兴国家表示同情和支持，赢得一大批朋友。大多数发展中国家珍视同中国长期形成的友好关系，重视中国的大国地位，注重发展对华关系，在台湾问题上恪守一个中国原则，支持中国统一大业。1971 年中华人民共和国恢复联合国合法席位后，越来越多的国家承认中华人民共和国，支持中国政府关于台湾问题的原则立场，坚持一个中国原则，不与台湾发展官方关系。一些台"邦交国"也开始检讨其对华政策，寻求与中国发展关系。

　　国际社会普遍支持中国政府和人民反对"两个中国""一中一台""台湾独立"的正义斗争。1988 年至 2008 年初，台湾当局在国际上大肆推行所谓"务实外交"，大肆进行制造"两个中国""一中一台"的分裂活动。中国政府对此坚决反对，进行针锋相对的斗争，坚决捍卫一个中国原则。2005 年 3 月，第十届全国人民代表大会第三次会议审议通过《反分裂国家法》，明确规定了国家得采取非和平方式及其他必要措施捍卫国家主权和领土完整的几种情形，明晰了法律底线、红线。2008 年初，针对台湾当局发动"以台湾名义加入联合国"的公民投票（"入联公投"），美国、欧盟、非盟等近 170 个国家或国家集团以多种方式，明确、公开表示反对"台独"，反对或不支持台湾当局举办"入联公投"，支持中国政府反对"台独"的正义斗争，对台湾当局形成巨大的国际压力。2022 年 8 月，作为美国政府第三号人物的美众议长佩洛西，罔顾我强烈反对和严正交涉执意公然窜台，恶意挑衅一个中国原则，严重冲击中美关系的政治基础，破坏台海和平稳定。180 多个国家和国际组织重申坚定奉行一个中国原则，理解和支持中方的正义立场，反对美方的破坏与挑衅。

国际社会支持两岸关系和平发展，支持中国政府为促进两岸关系和平发展所作努力。随着中国综合国力、国际地位和影响力进一步提高，中国政府牢牢把握两岸关系主导权和主动权，进一步巩固国际社会坚持一个中国原则的格局，有强大能力挫败任何形式的"台独"分裂行径和外部势力干涉挑衅。

二、中美关系与台湾问题

美国对台湾问题的产生负有不可推卸的责任。台湾问题始终是中美关系中最重要、最敏感的核心问题。

（一）中美关系正常化与台湾问题

20 世纪 60 年代，美国和苏联两个超级大国的全球争霸日趋激烈。美国出于全球战略考虑，开始调整对华政策，缓和中美关系。1972 年 2 月，美国总统尼克松访华，中美双方在上海发表联合公报（"上海公报"），开启中美关系正常化进程。美国在公报中声明"美国认识到，在台湾海峡两边的所有中国人都认为只有一个中国，台湾是中国的一部分。美国政府对这一立场不提出异议"。1975 年，邓小平提出中美关系正常化"三原则"——"断交、废约、撤军"，即美国必须同台湾"断交"、废除美台"共同防御条约"、从台湾撤走所有军事力量。1978 年 12 月 16 日，中美发表《中华人民共和国和美利坚合众国关于建立外交关系的联合公报》，宣布自 1979 年 1 月 1 日起互相承认并建立外交关系。美国在公报中，承认"中华人民共和国政府是中国的唯一合法政府"，承认"只有一个中国，台湾是中国的一部分"，并表示"在此范围内，美国人民将同台湾人民保持文化、商务和其他非官方关系"。同时，美国政府宣布断绝同台湾的"外交关系"，终止美台"共同防御条约"，从台湾撤出美国军事力量和军事设施。

但美国并未放弃干涉中国内政的政策。1979 年 1 月 16 日，美国国务院宣布成立"美国在台协会"，台湾当局也同意组建"北美事务协调委员会"作为台湾与美国的联系机构。1979 年 4 月 10 日，美国总统卡特签署参议院、众议院通过的"与台湾关系法"。该法公然声称美国仍将"向台湾提供防御性武器"；"凡当美国法律提及或涉及外国的其他民族、国家政府或类似实体时，上述词语含意中应包括台湾，此类法律亦应适用于台湾"。这严重违反了中美建交原则和美方承诺，是对中国主权的严重侵犯，遭到中国政府和人民强烈反对。

1981 年 1 月里根政府上台后，美国对台军售日益成为影响中美关系的严重问题。中国政府坚决反对美国对台军售。经过艰苦谈判，中美两国政府于 1982 年 8 月 17 日发表了联合公报（"八·一七公报"）。美国政府在公报中重申"它无意侵犯中国的主权和领土完整，无意干涉中国的内政，也无意执行'两个中国'或'一中一台'政策"；声明"它不寻求执行一项长期向台湾出售武器的政策，它向台湾出售的武器在性能和数量上将不超过中美建交后近几年供应的水平，它准备逐步减少它对台湾的武器出售，并经过一段时间导致最后的解决"。

"上海公报"、中美建交公报、"八·一七公报",成为中美关系发展的政治基础,使得中美关系在跌宕起伏中能够经受住考验,总体保持发展态势。

（二）美国政府的对台政策

美国对台湾问题的政策存在明显的两面性:一方面逐步认识到妥善处理台湾问题对于中美关系的重要性,表示坚持一个中国政策、遵守中美三个联合公报,不支持"两个中国""一中一台""台湾独立";另一方面加强美台实质关系,利用台湾问题对中国进行牵制。

美国承认"台湾是中国的一部分",是美国政府对中国政府的政治承诺。中美建交以来,美国历届政府都明确表示坚持一个中国政策。1998年6月,美国总统克林顿访华期间公开重申,美国"不支持'台湾独立',不支持'两个中国''一中一台',不支持台湾加入必须由主权国家才能参加的国际组织"。2000年以后,针对陈水扁当局推动"台独"活动升级、谋求"法理台独",美国总统布什多次向中方领导人表示,美国政府坚持一个中国政策、遵守美中三个联合公报、反对"台湾独立",反对任何单方面试图改变台湾现状的做法。2007年6月,美国国务院明确表示反对陈水扁当局推动"入联公投"的立场,并斥责陈水扁为"麻烦制造者"。美国总统奥巴马、特朗普任内亦多次表达美奉行一个中国政策的立场。2020年以来,美国总统拜登在中美元首会晤及通话中,多次就台湾问题向中方作出严肃政治承诺,明确表示美方坚持一个中国政策。2023 年 11 月，中美两国元首在美国旧金山举行会晤。拜登总统重申，美国不寻求新冷战，不寻求改变中国体制，不寻求通过强化同盟关系反对中国，不支持"台湾独立"，无意同中国发生冲突。

台湾政要窜访或"过境"美国问题。在人员往来方面，美国政府多年来不允许台湾地区领导人访问美国，不允许台湾方面代表进入国务院、白宫等办公大楼，规定有关会晤须在官方办公场所之外地方进行等。但是，美国政府又不断采取措施提升美台实质关系，试图打破一些政治"禁忌"。1995 年 5 月，美国参众两院通过允许李登辉访美的决议案，美国政府随后允许李登辉以私人名义赴康奈尔大学演讲。蔡英文"执政"时期，美方允蔡以出访"邦交国"等为由头 7 次"过境"，在美期间与亲台议员会见、通话，与美智库举行闭门会议甚至公开演讲。蔡英文在 2023 年"过境"洛杉矶期间还与美国众议长麦卡锡等会面。

美国对台军售问题。中美建交以来，美方屡屡违反"八·一七公报"精神，持续向台出售大量先进武器。从"八·一七公报"签署到 2024 年 4 月，美方售台武器总额超过 710 亿美元。1992 年 9 月 2 日，布什政府批准向台出售价值 60 多亿美元的 150 架 F-16 战斗机，使美售台武器逐年减少的趋势发生逆转。特朗普政府共宣布 11 笔售台武器计划，合计 183.34 亿美元。拜登政府虽在对台军售金额上不及特朗普政府，但在对台军售方式上花样频出。截至 2024 年 9 月，拜登政府共宣布 16 批、总计超过 57 亿美元的对台军售计划，两次动用"总统提用权"向台提供价值 9.12 亿美元的军援，两次通过"外国军事融资"向台提供 8000 万美元的军贷。与此同时，美台双方军事人员往来密切，接触层级不断提高，军事交流与合作日趋公开化。

美台经贸往来。台美商签经贸协定始于 1994 年，双方就"贸易暨投资架构协定（TIFA）"进行接触。2004 年，TIFA 商谈层级提升为"副部长级"，由美贸易代表办公室（USTR）副代表与台"经济部副部长"商谈。2007 年因台湾禁止进口美国牛肉而中断。2012 年 8 月台湾修法恢复进口美国牛肉，2013 年 3 月美台恢复 TIFA 协商。2016 年 5 月蔡英文上台以来，在高科技领域配合美国对大陆"脱钩断链"，推动开展美台"经济繁荣伙伴对话"、商签美台"21 世纪贸易倡议"协议等，借机鼓吹美对台支持、台在产业链供应链重要地位，为台美商签自贸协议造势。

美助台拓展"国际空间"问题。近年来美国加大力度支持台湾参与国际组织活动。美国高官多次蓄意歪曲挑战联合国大会第 2758 号决议，炒作"台湾地位未定论"，鼓吹支持台湾参加联合国会议和活动。美国国会不断炮制法案，鼓吹台湾"有意义参与"世界卫生大会、国际民航组织大会等国际组织活动。拉帮结伙通过双多边对话、联合声明等对"台海和平稳定"表达关切。推动美国主导的美日印澳"四边机制"、美英澳"三边安全伙伴关系"、七国集团、北约等组织发表涉台错误言论，推动台湾问题"国际化"。美国还公然出手，帮助台湾巩固与个别国家的所谓"邦交"。

党的十八大以来两岸关系大事记

2012 年

11 月 8 日　中国共产党第十八次全国代表大会在北京召开。

11 月 15 日　中国国民党主席马英九、亲民党主席宋楚瑜分别致电习近平，祝贺习近平当选中共中央总书记。习近平复电表示感谢。

11 月 26 日　中共中央台办、国务院台办、海协会在北京举办"九二共识"20 周年座谈会。

12 月 17 日　第九次全国台湾同胞代表会议在北京召开，来自全国各地的 300 多名台胞代表与会，中共中央政治局常委俞正声出席开幕式。

12 月 18 日　台湾在大陆设立的首家经贸办事机构"台湾贸易中心上海代表处"揭牌。

2013 年

1 月 1 日　两岸经济合作框架协议（ECFA）早期收获货物贸易启动第三阶段降税，至此，ECFA 早收计划中所列的 806 项货品全部实现免关税。

1月18日　两岸首条横跨台湾海峡、连接福州和淡水的海底光缆——"海峡光缆1号"工程竣工，两岸同时举行开通仪式。

1月30日　中国机电产品进出口商会台北办事处在台北举行挂牌仪式，成为在台设立办事机构的首家大陆经贸团体。

2月19日　2013年对台工作会议在北京举行。中共中央政治局常委俞正声出席会议并讲话。

2月25日　中共中央总书记习近平会见中国国民党荣誉主席连战及台湾各界人士访问团。习近平强调，我们有充分信心继续坚定不移推动两岸关系和平发展，有充分信心克服各种困难开辟两岸关系新前景，有充分信心同台湾同胞携手迎接中华民族伟大复兴。

2月26日　国家主席胡锦涛、全国政协主席贾庆林分别会见中国国民党荣誉主席连战及台湾各界人士访问团。

3月17日　国家主席习近平在十二届全国人大一次会议上发表重要讲话，呼吁广大台湾同胞和大陆同胞携起手来，支持、维护、推动两岸关系和平发展，增进两岸同胞福祉，共同开创中华民族新的前程。

4月8日　中共中央总书记习近平在海南博鳌会见台湾两岸共同市场基金会荣誉董事长萧万长一行时强调，两岸同胞要真诚团结合作，共同为实现中华民族伟大复兴的中国梦而努力奋斗。

6月13日　中共中央总书记习近平会见中国国民党荣誉主席吴伯雄率领的国民党大陆访问团。习近平就推动两岸关系不断取得新成就提出4点意见：第一，坚持从中华民族整体利益的高度把握两岸关系大局。第二，坚持在认清历史发展趋势中把握两岸关系前途。第三，坚持增进互信、良性互动、求同存异、务实进取。第四，坚持稳步推进两岸关系全面发展。

6月21日　海协会会长陈德铭与台湾海基会董事长林中森在上海签署《海峡两岸服务贸易协议》。

7月20日　中共中央总书记习近平祝贺中国国民党主席马英九成功连任。同日，马英九复电表示感谢。

9月24日　台湾以"中华台北民航局"名义、国际民航组织理事会主席客人身份列席第38届国际民航大会。

10月6日　中共中央总书记习近平在印尼巴厘岛会见台湾两岸共同市场基金会荣誉董事长萧万长一行。习近平强调，两岸双方应该坚持走两岸关系和平发展的正确道路，倡导"两岸一家亲"的理念，加强交流合作，共同促进中华民族伟大复兴。同日，中共中央台办、国务院台办主任张志军与台湾方面大陆事务主管部门负责人王郁琦进行了简短寒暄。

11月10日　中国共产党中央委员会致电中国国民党中央委员会，祝贺中国国民党第十九次代表大会召开。中国国民党中央委员会复电表示感谢。

2014年

1月24日　2014年对台工作会议在北京举行。中共中央政治局常委、全国政协主席俞正声出席会议并讲话。

2月11日　中共中央台办、国务院台办主任张志军在南京与来访的台湾方面大陆委员会负责人王郁琦首次正式会面，就推进两岸关系有关问题广泛深入交换意见，并达成积极共识。

2月18日　中共中央总书记习近平会见中国国民党荣誉主席连战及随访的台湾各界人士，发表《共圆中华民族伟大复兴的中国梦》重要谈话。习近平指出，希望两岸双方秉持"两岸一家亲"的理念，顺势而为，齐心协力，推动两岸关系和平发展取得更多成果，造福两岸民众，共圆中华民族伟大复兴的中国梦。

2月27日　海协会会长陈德铭与台湾海基会董事长林中森在台北签署《海峡两岸气象合作协议》及《海峡两岸地震监测合作协议》。

3月18日　台湾"反黑箱服贸民主阵线"等民间团体和学生占领台湾立法机构议场，抗议《两岸服务贸易协议》审查生效，被称为"太阳花运动"。

5月7日　中共中央总书记习近平会见亲民党主席宋楚瑜一行。习近平指出，我们推动两岸关系和平发展的方针政策不会改变，促进两岸交流合作、互利共赢的务实举措不会放弃，团结台湾同胞共同奋斗的真诚热情不会减弱，制止"台独"分裂图谋的坚强意志不会动摇。

6月25日　中共中央台办、国务院台办主任张志军开启为时三天的访台之旅。此行是大陆对台事务主管部门负责人65年来首次到台湾参访。

7月24日　正在拉美地区访问的中共中央总书记习近平得悉台湾一架客机失事造成重大人员伤亡，深感痛心，要求中央台办、国务院台办即向台湾有关部门转达他本人和大陆人民对遇难者的深切哀悼、对其亲属的诚挚慰问。

8月1日　台湾高雄市发生燃气爆炸事件，造成重大人员伤亡。中共中央总书记习近平指示中共中央台办、国务院台办负责人向台湾有关方面转达他和大陆人民对在本次事件中不幸遇难同胞的深切哀悼、对遇难者家属及受伤同胞的诚挚慰问。

9月26日　中共中央总书记习近平会见台湾和平统一团体联合参访团。习近平表示，"和平统一、一国两制"是我们解决台湾问题的基本方针，我们将以最大诚意、尽最大努力争取和平统一的前景，因为以和平的方式实现统一最符合包括台湾同胞在内的中华民族的整体利益。

10月23日　党的十八届四中全会通过的《中共中央关于全面推进依法治国若干重大问题的决定》强调："依法保障'一国两制'实践和推进祖国统一。运用法治方式巩固和深化两岸关系和平发展，完善涉台法律法规，依法规范和保障两岸人民关系、推进两岸交流合作。运用法律手段捍卫一个中国原则、反对'台独'，增进维护一个中国框架的共同认知，推进祖国和平统一。依法保护台湾同胞权益。加强大陆同台湾的执法司法协作，共同打击跨境违法犯罪活动。"

11月1日　中共中央总书记习近平考察平潭综合实验区内的台商企业时表示，两岸同胞同祖同根，血脉相连，文化相通，没有任何理由不携手发展、融合发展。

11月9日　中共中央总书记习近平会见台湾两岸共同市场基

金会荣誉董事长萧万长一行。习近平指出，两岸双方在坚持"九二共识"、反对"台独"的共同政治基础上建立并持续增进互信，是确保两岸关系和平发展正确方向和良好势头的关键。

2015 年

1 月 12 日　中国民航局宣布 3 月 5 日起，启用 M503 航线以及 W121、W122、W123 三条横向连接航线。

1 月 17 日　中共中央总书记习近平发出贺电，对朱立伦当选中国国民党主席表示祝贺，朱立伦复电致谢。双方在电文中均表示，期盼国共两党在"九二共识"基础上，推动两岸关系继续前行，促进两岸永续的和平与繁荣。

1 月 26 日　2015 年对台工作会议在北京举行。中共中央政治局常委、全国政协主席俞正声出席会议并讲话。

3 月 4 日　中共中央总书记、国家主席、中央军委主席习近平看望参加全国政协十二届三次会议的民革、台盟、台联委员时强调，两岸关系和平发展是一条维护两岸和平、促进共同发展、造福两岸同胞的正确道路，也是通向和平统一的光明大道，我们应该坚定不移走和平发展道路，坚定不移坚持共同政治基础，坚定不移为两岸同胞谋福祉，坚定不移携手实现民族复兴。

3 月 13 日　为纪念《反分裂国家法》通过 10 周年，中共中央台办、国务院台办主任张志军在《人民日报》发表题为《运用法治方式扎实推进两岸关系和平发展》的文章，强调要以法治方式挫败"台独"分裂图谋。

3月18日　海峡两岸旅游交流协会公布大陆居民赴台个人游第五批 11 个试点城市。大陆赴台个人游试点城市达 47 个。

3月29日　习近平总书记会见出席博鳌亚洲论坛的台湾两岸共同市场基金会荣誉董事长萧万长。习近平表示，我们愿与台湾同胞一道，加强合作，继续推动两岸关系和平发展。萧万长表示，两岸关系和平发展符合两岸民意期待，应沿着和平发展的道路稳健走下去。

5月4日　中共中央总书记习近平在北京会见中国国民党主席朱立伦率领的中国国民党大陆访问团时表示，国共两党应该加强交流、总结经验、开拓创新，擘画两党关系发展新前景，共同开创两岸关系未来、建设两岸命运共同体。

6月30日　最高人民法院就涉台民事判决对外发布《认可和执行台湾民事判决的规定》和《关于认可和执行台湾仲裁裁决的规定》两部司法解释。

7月1日　《中华人民共和国国家安全法》公布实施。第 11 条第 2 款规定："中国的主权和领土完整不容侵犯和分割。维护国家主权、统一和领土完整是包括港澳同胞和台湾同胞在内的全中国人民的共同义务。"

7月1日　台湾同胞赴大陆免签注正式实施。

7月3日　两岸航空运输第十一次沟通达成共识，大陆新增 6 个机场为两岸客运定期航点，并将运营 2 个月（含）以上的不定期旅游包机转为定期航班。两岸定期客运航班总班次增至每周 890 班。

7月20日　福建沿海地区向金门供水项目合同在金门签署。

8月25日　海协会会长陈德铭与台湾海基会董事长林中森在福州签署《海峡两岸避免双重课税及加强税务合作协议》及《海峡两岸民航飞行安全与适航合作协议》。

9月1日　中共中央总书记习近平在京会见前来参加中国人民抗日战争暨世界反法西斯战争胜利70周年纪念活动的台湾各界代表人士。习近平表示，2008年以来，国共两党、两岸双方同两岸同胞一道，在"九二共识"、反对"台独"的基础上，开辟了两岸关系和平发展道路。

9月15日　公安部宣布，9月21日起全面实行卡式台胞证，同时停止签发本式台胞证。

10月23日　纪念台湾光复70周年大会在北京人民大会堂隆重召开。中共中央政治局常委、全国政协主席俞正声出席大会并发表题为《共同铭记历史　共圆伟大梦想》的讲话。

11月7日　中共中央总书记、国家主席习近平同台湾方面领导人马英九在新加坡会面，就进一步推进两岸关系和平发展交换意见。两岸领导人这一跨越66年的首次会面，是两岸关系发展进程中的重要里程碑。

11月18日　中共中央总书记习近平出席在菲律宾举行的亚太经合组织（APEC）第23次领导人非正式会议时，同台湾两岸共同市场基金会荣誉董事长萧万长简短寒暄。

11月30日　应台湾海峡交流基金会邀请，海协会会长陈德铭率交流团赴台湾参访。

12月16日　国务院台办发言人宣布，自2016年1月1日起，大陆有关部门将进一步扩大和放宽台湾居民在大陆申请设立个体工商户的行业领域、地域范围及经营条件。

12月30日　国务院台办发言人宣布，中共中央台办、国务院台办主任张志军与台湾方面陆委会主委夏立言首次通过两岸热线进行通话。

2016年

1月16日　中共中央台办、国务院台办负责人就台湾地区选举结果发表谈话指出，我们的对台大政方针是一贯的、明确的，不因台湾地区的选举结果而改变。我们将继续坚持"九二共识"，坚决反对任何形式的"台独"分裂活动。

2月2日　2016年对台工作会议在北京举行。中共中央政治局常委、全国政协主席俞正声出席会议并讲话。

2月7日　中共中央总书记习近平对台湾南部地区发生6.7级地震高度关注，对受灾同胞表示慰问。

3月5日　中共中央总书记、国家主席、中央军委主席习近平参加十二届全国人大四次会议上海代表团审议时就当前两岸关系发展发表了看法。习近平强调，我们将坚持"九二共识"政治基础，继续推进两岸关系和平发展。我们将持续推进两岸各领域交流合作，深化两岸经济社会融合发展，增进同胞亲情和福祉，拉近同胞心灵距离，增强对命运共同体的认知。我们将坚决遏制任何形式的"台独"分裂行径，维护国家主权和领土完整，绝不让国家分裂的历史悲剧重演。

3 月 26 日　中共中央总书记习近平致电洪秀柱，祝贺她当选中国国民党主席。洪秀柱复电表示感谢。

5 月 20 日　中共中央台办、国务院台办负责人就当前两岸关系发表谈话，指出台湾当局新领导人的讲话，在两岸同胞最关切的两岸关系性质这一根本问题上采取模糊态度，没有明确承认"九二共识"和认同其核心意涵，没有提出确保两岸关系和平稳定发展的具体办法。这是一份没有完成的答卷。

5 月 21 日　海协会负责人就今后两会受权协商和联系机制应询表示，两会协商和联系机制是建立在"九二共识"共同政治基础上的，是得到两岸双方正式授权的。只要海基会得到授权，向海协会确认坚持"九二共识"这一体现一个中国原则的政治基础，两会受权协商和联系机制就能得以维系。

7 月 1 日　庆祝中国共产党成立 95 周年大会在北京人民大会堂隆重举行，中共中央总书记、国家主席、中央军委主席习近平发表重要讲话。习近平强调，两岸关系和平发展是维护两岸和平、促进共同发展、造福两岸同胞的正确道路，也是通向和平统一的光明大道。坚持"九二共识"、反对"台独"是两岸关系和平发展的政治基础。我们坚决反对"台独"分裂势力。

8 月 1 日　最高人民法院发布《最高人民法院关于审理发生在我国管辖海域相关案件若干问题的规定（一）》和《最高人民法院关于审理发生在我国管辖海域相关案件若干问题的规定（二）》，分别就我国管辖海域的司法管辖与法律适用相关问题进行了明确。

9 月 18 日　中共中央政治局常委、全国政协主席俞正声在人民大会堂会见台湾县市长参访团。

9月23日 国台办发言人表示，民进党当局至今拒不承认"九二共识"，破坏了两岸共同政治基础，导致两岸联系沟通机制停摆，台湾方面由此不能参加国际民航大会，这一局面完全是民进党当局造成的。

11月1日 中共中央总书记习近平会见洪秀柱主席率领的中国国民党大陆访问团。习近平就两岸关系发展提出六点意见：第一，坚持体现一个中国原则的"九二共识"；第二，坚决反对"台独"分裂势力及其活动；第三，推进两岸经济社会融合发展；第四，共同弘扬中华文化；第五，增进两岸同胞福祉；第六，共同致力于实现中华民族伟大复兴。

11月11日 纪念孙中山先生诞辰150周年大会在北京举行，中共中央总书记、国家主席、中央军委主席习近平发表重要讲话。习近平指出，我们坚持"九二共识"的共同政治基础，深化两岸经济社会融合，增进同胞福祉和亲情。台湾任何党派、团体、个人，无论过去主张过什么，只要承认"九二共识"，认同大陆和台湾同属一个中国，我们都愿意同其交往。

12月26日 中华人民共和国和圣多美和普林西比复交。12月20日圣多美和普林西比发表声明决定同台湾断绝所谓"外交关系"。

2017年

1月20日 2017年对台工作会议在北京举行。中共中央政治局常委、全国政协主席俞正声出席会议并讲话。

5月8日　国台办发言人就世界卫生大会有关涉台问题表示，民进党当局拒不承认体现一个中国原则的"九二共识"，为台湾地区参加世卫大会设置了障碍。台湾地区不能参会的责任完全在民进党当局。

5月20日　中共中央总书记习近平致电吴敦义，祝贺其当选中国国民党主席。吴敦义复电表示感谢。

5月24日　在全国台湾同胞投资企业联谊会成立10周年之际，中共中央总书记习近平致信祝贺。习近平指出，我们愿意首先同广大台湾同胞分享大陆发展机遇，欢迎台湾同胞来大陆投资兴业。

6月13日　中华人民共和国和巴拿马共和国建交。巴拿马共和国政府即日断绝同台湾所谓"外交关系"，并承诺不再同台湾发生任何官方关系，不进行任何官方往来。

10月18日　中国共产党第十九次全国代表大会在北京召开。习近平总书记在大会作报告时表示，解决台湾问题、实现祖国完全统一，是全体中华儿女共同愿望，是中华民族根本利益所在。必须继续坚持"和平统一、一国两制"方针，推动两岸关系和平发展，推进祖国和平统一进程。

10月25日　中国国民党主席吴敦义致电祝贺习近平连任中共中央总书记。习近平总书记复电吴敦义表示感谢。

2018年

2月1日　2018年对台工作会议在北京召开。中共中央政治局常委、国务院副总理汪洋出席会议并讲话。

2 月 28 日　中央台办、国家发展改革委经商中央组织部等 29 个部门发布《关于促进两岸经济文化交流合作的若干措施》（简称"31 条措施"）。

3 月 20 日　中共中央总书记、国家主席、中央军委主席习近平在十三届全国人大一次会议上发表重要讲话。习近平指出，我们要坚持一个中国原则，坚持"九二共识"，推动两岸关系和平发展，扩大两岸经济文化交流合作，同台湾同胞分享大陆发展的机遇，增进台湾同胞福祉，推进祖国和平统一进程。

4 月 10 日　中共中央总书记习近平在海南博鳌会见前来出席博鳌亚洲论坛 2018 年年会的台湾两岸共同市场基金会荣誉董事长萧万长一行。习近平表示，台湾问题攸关中华民族的根本利益，岛内工商界朋友要旗帜鲜明地坚持"九二共识"、反对"台独"，坚定推动两岸关系和平发展。

4 月 19 日　国台办发言人就空军战机绕岛巡航应询表示，我们坚决反对任何形式的"台独"分裂图谋和言行，任何企图把台湾从中国分裂出去的图谋都注定失败。

5 月 1 日　中华人民共和国与多米尼加共和国建交。多米尼加共和国政府即日断绝同台湾所谓"外交关系"，宣布承认一个中国原则。

5 月 26 日　中华人民共和国与布基纳法索复交。布基纳法索于 5 月 24 日宣布同台湾断绝所谓"外交关系"，并承诺不同台湾发生任何官方关系，不进行任何官方往来。

7 月 8 日　由台湾中华青雁和平教育基金会与大陆有关民间

团体共同举办的首届海峡两岸青年发展论坛在浙江杭州举行。

7月13日　中共中央总书记习近平在北京会见中国国民党前主席连战率领的台湾各界人士参访团并发表重要讲话。习近平强调，大道之行、人心所向，势不可挡。在当前台海形势下，两岸同胞更要坚定信心，团结前行。第一，要坚定不移坚持"九二共识"、反对"台独"；第二，要坚定不移扩大深化两岸交流合作；第三，要坚定不移为两岸同胞谋福祉；第四，要坚定不移团结两岸同胞共同致力民族复兴。

8月5日　福建沿海地区向金门供水工程通水现场会在福建晋江举行，工程实现正式通水。

8月16日　国务院新闻办公室举行介绍港澳台居民证件便利化措施发布会。制发台湾居民居住证，是推进落实"同等待遇"的重要一步，也是为台湾同胞办好事、办实事的一项有力的政策措施。

8月21日　中华人民共和国和萨尔瓦多共和国建交。萨尔瓦多共和国政府即日断绝同台湾所谓"外交关系"，并承诺不再同台湾发生任何官方关系，不进行任何官方往来。

11月25日　针对台湾地区"九合一"选举结果揭晓，国务院台办发言人表示，这次选举结果反映了广大台湾民众希望继续分享两岸关系和平发展"红利"，希望改善经济民生的强烈愿望。在对两岸关系性质、两岸城市交流性质有正确认知的基础上，我们欢迎台湾更多县市参与两岸城市交流合作。针对所谓"奥运正名公投"案遭到挫败，国务院台办发言人表示，说明拿台湾运动员的利益做赌注不得人心，搞"台独"注定失败。

2019 年

1 月 2 日 《告台湾同胞书》发表 40 周年纪念会在人民大会堂隆重举行。中共中央总书记、国家主席、中央军委主席习近平出席纪念会并发表题为《为实现民族伟大复兴 推进祖国和平统一而共同奋斗》的纲领性讲话。习近平就推动两岸关系和平发展、实现祖国统一提出 5 点主张。第一，携手推动民族复兴，实现和平统一目标。第二，探索"两制"台湾方案，丰富和平统一实践。第三，坚持一个中国原则，维护和平统一前景。第四，深化两岸融合发展，夯实和平统一基础。第五，实现同胞心灵契合，增进和平统一认同。

1 月 22 日 2019 年对台工作会议在京举行。中共中央政治局常委、全国政协主席汪洋出席会议并讲话。

3 月 10 日 中共中央总书记、国家主席、中央军委主席习近平参加十三届全国人大二次会议福建代表团的审议时表示，要探索海峡两岸融合发展新路。两岸要应通尽通，提升经贸合作畅通、基础设施联通、能源资源互通、行业标准共通，努力把福建建成台胞台企登陆的第一家园。

7 月 31 日 海峡两岸旅游交流协会发布公告表示，鉴于当前两岸关系，决定自 2019 年 8 月 1 日起暂停 47 个城市大陆居民赴台个人游试点。

8 月 7 日 国家电影局宣布暂停大陆影片和人员参加 2019 年第 56 届台北金马影展。随后，香港多家电影公司积极响应，宣布影片退出报名、艺人不参加金马奖。

9月21日　中华人民共和国和所罗门群岛建交。建交前，所罗门群岛政府发表声明，宣布承认一个中国原则，同台湾当局断绝所谓"外交关系"。

9月27日　中华人民共和国和基里巴斯共和国复交。基里巴斯共和国政府即日断绝同台湾所谓"外交关系"，并承诺不再同台湾发生任何官方关系，不进行任何官方往来。

10月1日　庆祝中华人民共和国成立70周年大会在北京天安门广场隆重举行。中共中央总书记、国家主席、中央军委主席习近平发表重要讲话时强调，我们要坚持"和平统一、一国两制"方针，推动海峡两岸关系和平发展，团结全体中华儿女，继续为实现祖国完全统一而奋斗。

10月31日　党的十九届四中全会审议通过《中共中央关于坚持和完善中国特色社会主义制度　推进国家治理体系和治理能力现代化若干重大问题的决定》，把"坚持和完善'一国两制'制度体系，推进祖国和平统一"作为坚持和完善中国特色社会主义制度、推进国家治理体系和治理能力现代化这一全党重大战略任务的重要组成部分。

11月4日　中央台办、国家发展改革委经商中央组织部等20个有关部门发布《关于进一步促进两岸经济文化交流合作的若干措施》（简称"26条措施"）。

11月29日　人力资源和社会保障部公布《香港澳门台湾居民在内地（大陆）参加社会保险暂行办法》。2020年1月1日起，在内地（大陆）就业、居住和就读的港澳台居民将拥有社保卡，依法参加社会保险和享受社会保险待遇的合法权益。

12月15日 "海峡两岸海上客运票务平台"正式启用，10条两岸海上客运航线可以24小时、一站式购票。

12月28日 十三届全国人大常委会第十五次会议表决通过关于修改《中华人民共和国台湾同胞投资保护法》的决定。

2020年

1月11日 国务院台办发言人就台湾地区选举结果接受采访时表示，我们坚持"和平统一、一国两制"基本方针，坚持一个中国原则，坚决维护国家主权和领土完整，坚决反对任何形式的"台独"分裂图谋和行径，坚决增进台湾同胞利益福祉。

1月19日 2020年对台工作会议在京举行。中共中央政治局常委、全国政协主席汪洋出席会议并讲话。

2月4日 国务院台办发言人表示，新冠肺炎疫情发生后，大陆多次及时向台湾地区通报疫情防控最新信息，专门通报大陆与世卫组织分享新型冠状病毒基因序列和获取相关基因序列途径的信息，尤其是即刻通报在大陆确诊的台湾同胞的相关信息。台湾地区在获取疫情信息方面不存在障碍。

3月28日 国务院台办发言人就美方签署通过所谓"2019年台北法案"表示，台湾问题是中国的内政，不容任何外来干涉。

5月15日 国家发改委、中央台办等十部门联合印发《关于应对疫情统筹做好支持台资企业发展和推进台资项目有关工作的通知》，并以视频会议形式，共同举办助力台企"11条"暨台商参与新基建政策说明会。

5月29日 《反分裂国家法》实施15周年座谈会在人民大会堂隆重举行。中共中央政治局常委、全国人大常委会委员长栗战书发表讲话。

6月30日 针对民进党当局对全国人大常委会表决通过香港国安法大肆攻击诬蔑并扬言搞所谓"援助项目",国务院台办发言人表示,民进党当局再次暴露他们图谋插手香港事务、搞乱香港、谋求"台独"的险恶用心。

9月22日 针对美国副国务卿克拉奇访台,国务院台办发言人表示,美方近来接连派高官赴台,严重违反一个中国原则和中美三个联合公报规定,严重破坏台海和平稳定。民进党当局挟洋自重,与美勾连,最终损害两岸同胞利益。

10月22日 纪念台湾光复75周年学术研讨会在北京举行。两岸与会代表围绕"纪念台湾光复、推进祖国统一"的主题进行研讨。中共中央政治局常委、全国政协主席汪洋出席会议并讲话。

11月6日 两岸领导人历史性会晤5周年座谈会在北京举行。

11月11日 国务院台办发言人解读《中共中央关于制定国民经济和社会发展第十四个五年规划和二〇三五年远景目标的建议》时表示,《建议》就"推进两岸关系和平发展和祖国统一"作出的规划部署,明确了在全面建设社会主义现代化国家新征程中推进两岸关系和平发展和祖国统一的目标任务,体现了对台工作在民族复兴进程中的战略定位。

2021 年

1 月 17 日—18 日　2021 年对台工作会议在北京举行。中共中央政治局常委、全国政协主席汪洋出席会议并讲话。

3 月 1 日　海关总署宣布暂停台湾地区菠萝输入大陆。

3 月 17 日　中央台办、农业农村部等部门发布《关于支持台湾同胞台资企业在大陆农业林业领域发展的若干措施》（简称"农林 22 条措施"）。

3 月 25 日　中共中央总书记、国家主席、中央军委主席习近平在福建考察时强调，要在探索海峡两岸融合发展新路上迈出更大步伐；要突出以通促融、以惠促融、以情促融，勇于探索海峡两岸融合发展新路。

4 月 3 日　中共中央总书记习近平对 4 月 2 日台湾列车出轨造成重大人员伤亡事故高度关切，并向遇难同胞表示深切的哀悼，向遇难者家属及受伤同胞表示诚挚的慰问。

4 月 5 日　解放军航母"辽宁号"舰艇编队经过宫古海峡进入太平洋，在台湾岛周边海域训练。

4 月 22 日　针对民进党当局勾连美国一些反华议员抛出所谓"台湾国际团结"议案，质疑、挑战联大 2758 号决议，国台办发言人表示，民进党当局勾连外部势力，反反复复在联大 2758 号决议上做文章，企图推翻台湾是中国一部分的铁的事实，挑战联大决议的权威性合法性，妄图为其"台独"谬论背书，这终究是痴心妄想。

7 月 1 日　庆祝中国共产党成立 100 周年大会在北京天安

门广场隆重举行，中共中央总书记、国家主席、中央军委主席习近平发表重要讲话。台湾一些政党、团体和人士以贺电贺信等形式向中国共产党成立100周年表示祝贺，共同期盼两岸关系和平发展、实现祖国统一与中华民族伟大复兴。

7月15日　以"从百年变局看中华民族伟大复兴"为主题的首届"携手圆梦——两岸同胞交流研讨活动"在上海举行。

8月10日　针对立陶宛政府不顾中方反复交涉、晓以利害，宣布允许台湾当局以"台湾"名义设立"代表处"，外交部发言人表示，此举公然违背中立两国建交公报精神，严重损害中国主权和领土完整；中国政府对此表示坚决反对，决定召回中国驻立陶宛大使，并要求立陶宛政府召回驻中国大使。

9月26日　中共中央总书记习近平致电朱立伦，祝贺其当选中国国民党主席。朱立伦复电表示感谢。

10月9日　纪念辛亥革命110周年大会在北京隆重举行，中共中央总书记、国家主席、中央军委主席习近平出席大会并发表重要讲话，高度评价了辛亥革命的历史功绩和重大意义，回顾总结了中国共产党继承孙中山先生革命事业、团结带领人民不懈奋斗的光辉历程，深刻阐释了辛亥革命110年来的历史启示。

11月5日　国台办发言人表示，一段时期以来，苏贞昌、游锡堃、吴钊燮等极少数"台独"顽固分子极力煽动两岸对立、恶意攻击和诬蔑大陆、谋"独"言行恶劣、勾连外部势力分裂国家，严重破坏两岸关系，严重危害台海和平稳定，严重损害两岸同胞共同利益和中华民族根本利益；大陆方面依法对清单在列的上述

"台独"顽固分子实施惩戒。

11月11日　中国共产党第十九届中央委员会第六次全体会议审议通过《中共中央关于党的百年奋斗重大成就和历史经验的决议》。决议指出，解决台湾问题、实现祖国完全统一，是党矢志不渝的历史任务，是全体中华儿女的共同愿望，是实现中华民族伟大复兴的必然要求。

11月16日　国家主席习近平同美国总统拜登举行视频会晤。习近平阐述了中方在台湾问题上的原则立场。拜登表示，美方不寻求改变中国的体制，不寻求通过强化同盟关系反对中国，无意同中国发生冲突；美国政府致力于奉行长期一贯的一个中国政策，不支持"台独"，希望台海地区保持和平稳定。

11月22日　有关部门依据国家法律法规对台湾远东集团在上海、江苏等地的化纤纺织、水泥企业存在一系列违法违规行为，采取罚款、追缴税款、限期整改等措施，并收回该企业闲置建设用地。

12月10日　中华人民共和国和尼加拉瓜共和国恢复大使级外交关系。尼加拉瓜共和国政府即日断绝同台湾所谓"外交关系"，并承诺不再同台湾发生任何官方关系，不进行任何官方往来。

2022年

1月25日　2022年对台工作会议在北京举行。中共中央政治局常委、全国政协主席汪洋出席会议并讲话。

2月4日—20日　北京冬奥会举办。全国政协主席汪洋会见分别受邀出席冬奥会开、闭幕式的中国国民党前主席洪秀柱、新党主席吴成典，转达习近平总书记对广大台湾同胞的新春祝福。

3月16日　中央台办、商务部、国家市场监督管理总局联合印发实施《关于做好台湾居民在服务贸易创新发展试点地区申请设立个体工商户工作的通知》。

7月12日　第二十届海峡青年论坛开幕式在福建厦门举办，中共中央总书记习近平给参加第二十届海峡青年论坛的台湾青年回信，勉励两岸青年为实现中华民族伟大复兴中国梦携手打拼。

7月26日　"九二共识"30周年座谈会在北京举行。中共中央政治局常委、全国政协主席汪洋出席并讲话。

8月2日　美国众议院议长佩洛西窜访台湾，恶意挑衅制造危机，我展开一系列针对性行动和打击"台独"举措予以反制。我对佩洛西及其直系亲属采取制裁措施；采取取消安排中美两军战区领导通话、中美国防部工作会晤、中美海上军事安全磋商机制会议，暂停中美非法移民遣返合作、中美刑事司法协助合作、中美打击跨国犯罪合作、中美禁毒合作以及暂停中美气候变化商谈共8项反制措施。我对"台独"顽固分子关联机构"台湾民主基金会""国际合作发展基金会"采取惩戒措施；将萧美琴、顾立雄、蔡其昌、柯建铭、林飞帆、陈椒华、王定宇等列入"台独"顽固分子清单并实施制裁。国务院台办、国务院新闻办10日发表《台湾问题与新时代中国统一事业》白皮书。商务部自3日起暂停天然砂对台出口。海关总署自3日起暂停台湾地区的葡萄柚、柠檬、橙等柑橘类水果和冰鲜白带鱼、冻竹荚鱼输入大陆。我军在台岛周边海空域组织多军兵种部队成体系、全要素展开联合军事行动，进行联合封控、对海突击、对陆打击、制空作战等多科目针对性演练和精导武器实弹射击。

10月16日　中国共产党第二十次全国代表大会在北京召开。习近平总书记在大会作报告时表示，解决台湾问题、实现祖国完全统一，是党矢志不渝的历史任务，是全体中华儿女的共同愿望，是实现中华民族伟大复兴的必然要求。坚持贯彻新时代党解决台湾问题的总体方略，牢牢把握两岸关系主导权和主动权，坚定不移推进祖国统一大业。

10月16日　中国国民党中央委员会向中国共产党中央委员会致贺电。中国国民党前主席连战、洪秀柱，新党主席吴成典，无党团结联盟主席林炳坤及岛内多个统派政党也致函致信，祝贺中国共产党第二十次全国代表大会胜利召开。

10月22日　中国共产党第二十次全国代表大会审议并一致通过十九届中央委员会提出的《中国共产党章程（修正案）》，同意把全面准确、坚定不移贯彻"一个国家，两种制度"的方针，坚决反对和遏制"台独"等内容写入党章。

11月14日　国家主席习近平在印度尼西亚巴厘岛同美国总统拜登举行会晤。习近平系统阐述了台湾问题由来以及中方原则立场，希望美方言行一致，恪守一个中国政策和中美三个联合公报。拜登表示，美国政府奉行一个中国政策，重申"四不一无意"承诺，并进一步表示不支持"两个中国""一中一台"，不寻求利用台湾问题作为工具遏制中国，希望看到台海和平稳定。

11 月 24 日　针对解放军厦门舰对台军马公舰回应"你所谓的 24 海里线不存在",国防部发言人表示,台湾单方面划设的这个线、那个线,都是非法无效的,都无法改变台湾属于中国的事实,更无法阻挡中国人民解放军捍卫国家主权和领土完整的前进步伐。如果有人胆敢把台湾从中国分裂出去,解放军必将断然出手,必将迎头痛击。

11 月 26 日　国台办发言人就台湾地区"九合一"选举结果表示,这一结果反映了岛内"求和平、求稳定、要过好日子"的主流民意,我们将继续团结广大台湾同胞,共同推动两岸关系和平发展、融合发展,增进两岸同胞福祉,坚决反对"台独"分裂和外部势力干涉,共创中华民族伟大复兴的光明未来。

2023 年

1 月 1 日　习近平总书记发表新年贺词,表达对广大台湾同胞的深情厚意,希望两岸同胞携手共创中华民族绵长福祉。

1 月 2 日　中共中央台办、国务院台办主任宋涛发表题为《携手奋斗　共创伟业》的新年寄语,向广大台湾同胞致以新年祝福和诚挚问候。海峡两岸关系协会会长张志军发表题为《赓续初心担使命　砥砺奋进续华章》的新年寄语,代表海协会向台湾同胞致以新年问候和祝福。

1 月 7 日　暂停近三年的两岸"小三通"海上客运航线部分复航。

1 月 28 日　中共中央台办、国务院台办主任宋涛在厦门会见来访的中国国民党前主席洪秀柱，转达习近平总书记对洪秀柱的春节祝福和问候。

1月29日　国台办发言人表示，经有关主管部门审核，对金门酒厂等符合要求的63家企业予以注册或更新注册信息，对不符合要求、暂时无法注册的，也逐一说明具体原因。

2月10日　中共中央政治局常委王沪宁在京会见中国国民党副主席夏立言一行。王沪宁代表习近平总书记和中共中央对夏立言一行致以新春的祝福和问候。

3月13日　第十四届全国人民代表大会第一次会议在北京人民大会堂闭幕。中共中央总书记、国家主席、中央军委主席习近平发表重要讲话，指出实现祖国完全统一是全体中华儿女的共同愿望，是民族复兴的题中之义。

3月15日　海关总署决定即日起恢复台湾地区冰鲜白带鱼、冻竹荚鱼输入。

3月26日　中华人民共和国和洪都拉斯共和国建交。洪都拉斯共和国政府即日断绝同台湾当局所谓"外交关系"，并承诺不再同台湾当局发生任何官方关系，不进行任何官方往来。

3月30日　中共中央台办、国务院台办主任宋涛在武汉会见来大陆访问的马英九一行。宋涛首先转达了习近平总书记对马英九的亲切问候，充分肯定了马英九为发展两岸关系作出的重要贡献。

4月7日　针对美国允许蔡英文"过境"窜美从事政治活动，我依法对美国哈德逊研究所、里根图书馆采取反制措施。对"台独"顽固分子萧美琴实施进一步制裁，对台湾"远景基金会""亚洲自由民主联盟"采取惩戒措施。商务部自 12 日起就台湾地区对大陆贸易限制措施进行贸易壁垒调查。大型救助船"海巡 06"轮编队在台湾海峡中部水域开展巡航巡查专项行动。东部战区展开"联合利剑"演习，其中山东舰航母编队参演。

4 月 28 日　中共中央台办、国务院台办、海峡两岸关系协会主办的纪念汪辜会谈 30 周年座谈会在北京举行。

5 月 9 日—10 日　2023 年对台工作会议在京召开。中共中央政治局常委、全国政协主席王沪宁出席会议并讲话。

5 月 11 日　中国国民党副主席连胜文受中国国民党前主席连战委托，率亲友前往陕西扫墓。中共中央台办、国务院台办主任宋涛在西安会见连胜文，请其代为转达习近平总书记对连战的亲切问候。

6 月 17 日　习近平总书记向第十五届海峡论坛致贺信。

8 月 19 日　中共中央台办、国务院台办负责人就赖清德"过境"窜美发表谈话，表明严正立场。东部战区位台岛周边组织海空联合战备警巡，举行海空等兵力联合演训。

8 月 30 日　2023 年上海—台北城市论坛在上海举办。自 2010 年以来，上海与台北轮流举行"双城论坛"，共签署 45 项交流合作备忘录。

9 月 2 日　国务院批复《东莞深化两岸创新发展合作总体方案》，明确释放深化两岸创新发展合作的政策信号。

9 月 12 日　新华社受权发布《中共中央 国务院关于支持福建探索海峡两岸融合发展新路建设两岸融合发展示范区的意见》。

9月15日　第六届海峡两岸青年发展论坛在浙江杭州举办论坛开幕会暨主论坛，中共中央总书记、国家主席习近平致贺信。中共中央台办、国务院台办主任宋涛出席论坛开幕会，宣读习近平总书记贺信并致辞。

9月23日　第19届亚洲运动会在浙江杭州隆重开幕，中国台北派出大规模代表团参加本届亚运会，其中521名运动员参加33个大项的角逐。

9月27日　中央台办、国家发改委会同48个部委和福建省在福建福州召开贯彻落实《中共中央　国务院关于支持福建探索海峡两岸融合发展新路建设两岸融合发展示范区的意见》专题会议，研究推动落实《意见》有关工作。

9月28日　中共中央总书记、国家主席、中央军委主席习近平在庆祝中华人民共和国成立74周年招待会上发表重要讲话时强调，我们要坚持一个中国原则和"九二共识"，推动两岸关系和平发展，深化两岸融合发展，维护中华民族根本利益，增进两岸同胞福祉。实现祖国完全统一是民心所向、时代潮流、历史必然，是任何势力都阻挡不了的。

11月6日　为深入贯彻落实《中共中央　国务院关于支持福建探索海峡两岸融合发展新路建设两岸融合发展示范区的意见》，中华人民共和国出入境管理局出台10项出入境政策措施。

11月14日　2023两岸企业家峰会10周年年会开幕式在江苏南京举行。中共中央总书记、国家主席习近平向年会致贺信。中共中央政治局常委、全国政协主席王沪宁出席开幕式，宣读习近平总书记贺信并致辞。

11 月 27 日　福建省有关部门公布福建省贯彻落实《中共中央　国务院关于支持福建探索海峡两岸融合发展新路建设两岸融合发展示范区的意见》首批 15 条政策措施。

12 月 1 日　国家药监局出台《支持福建探索海峡两岸融合发展新路　推动药品医疗器械化妆品监管创新发展工作方案》，支持福建在药品监管领域先行先试。

12 月 21 日　国务院关税税则委员会发布公告，自 2024 年 1 月 1 日起，对原产于台湾地区的 12 个税目相关进口产品，中止适用《海峡两岸经济合作框架协议》协定税率。

12 月 28 日　中共福建省委、福建省人民政府发布关于贯彻落实《中共中央　国务院关于支持福建探索海峡两岸融合发展新路建设两岸融合发展示范区的意见》的实施意见。

12 月 31 日　习近平主席发表新年贺词，向海内外中华儿女致以新年祝福，其中强调，"祖国统一是历史必然，两岸同胞要携手同心，共享民族复兴的伟大荣光"。

2024 年

1 月 17 日　针对 2024 年台湾地区两项选举结果揭晓，国台办发言人表示，这次台湾地区两项选举结果显示，民进党并不能代表岛内主流民意，选举结果撼动不了台湾是中国一部分的地位和事实，改变不了两岸关系的基本格局和发展方向，阻挡不了祖国必然统一的历史大势。

1月24日　中华人民共和国和瑙鲁共和国复交。1月15日瑙鲁政府宣布承认一个中国原则，同台湾当局断绝所谓"外交关系"。

1月30日　民航局宣布自2月1日起取消M503航线自北向南飞行偏置，后续将启用与M503航线衔接的W122、W123航线由西向东运行，提升空域运作效率。

2月14日　国台办发言人就台湾有关方面粗暴对待大陆渔船致2名渔民遇难的恶性事件向台方表示强烈谴责，要求台方立即查明事件真相，协助遇难渔民家属妥善处理善后事宜。

2月18日　中国海警局发言人表示，福建海警局将加强海上执法力量，在厦金海域开展常态化执法巡查行动。

2月22日　2024年对台工作会议在京召开。中共中央政治局常委、全国政协主席王沪宁出席并讲话。

2月27日　连横《台湾通史》（译注本）简体版新书发布会在北京人民大会堂台湾厅举办。

3月6日　中共中央总书记、国家主席、中央军委主席习近平看望参加全国政协十四届二次会议的民革、科技界、环境资源界委员，并参加联组会，听取意见和建议。习近平强调，民革要在对台工作大局中进一步找准定位、发挥优势、积极作为，更好团结海内外、岛内外一切可以团结的爱国力量，不断壮大反"独"促统力量，共同推进祖国和平统一进程。要积极推动两岸科技、农业、人文、青年发展等领域交流合作，深化两岸各领域融合发展。

3月14日　中共中央台办、国务院台办会同民革中央、台盟中央、全国台联在北京召开座谈会，认真学习领会、深入贯彻落实习近平总书记 3 月 6 日看望参加全国政协十四届二次会议的民革、科技界、环境资源界委员时关于对台工作的重要讲话精神。

3 月 19 日　中央台办、国家发改委在平潭共同举办福建省深化两岸融合发展座谈会。会议强调，要坚持探索海峡两岸融合发展新路、建设两岸融合发展示范区的方针政策，推进两岸关系和平发展，不断推动两岸融合发展取得新成效。

4 月 10 日　习近平总书记在北京会见马英九一行并发表重要讲话，强调要从中华民族整体利益和长远发展来把握两岸关系大局。

4 月 19 日　中国民航局宣布启用 M503 航线 W122、W123 衔接航线由西向东运行。

4 月 19 日　国务院关税税则委员会决定，自 2024 年 4 月 20 日起，对原产于台湾地区的进口聚碳酸酯征收反倾销税。

4 月 27 日　中共中央政治局常委、全国政协主席王沪宁在京会见傅崐萁率领的中国国民党民意代表参访团一行。

4 月 28 日　福建举行福建省贯彻落实《中共中央　国务院关于支持福建探索海峡两岸融合发展新路建设两岸融合发展示范区的意见》系列新闻发布会，宣布出台共三个方面、13 条惠台利民政策措施。

5 月 15 日　国台办宣布，大陆方面将依法对黄世聪、李正皓、王义川、于北辰、刘宝杰等长期造谣诽谤大陆的台湾所谓"名嘴"及其家属实施惩戒。

5月20日　国务院台办发言人就台湾地区领导人"5·20"讲话中有关两岸关系内容表示，台湾地区领导人罔顾民意、逆流而动，释放了谋"独"挑衅、破坏台海和平稳定的危险信号，充分暴露了其"台独工作者"的本性。

5月21日　国务院台办发言人发布答记者问表示，台湾地区领导人"5·20"讲话通篇充斥着敌意与挑衅、谎言与欺骗，"台独"立场更加激进冒险，大肆宣扬所谓"主权独立""两岸互不隶属""台湾住民自决"等分裂谬论，极力乞求外部势力撑腰打气，妄图推动"台湾问题国际化"，继续"倚外谋独""以武谋独"，可谓是一篇彻头彻尾的"台独自白"。

5月23日　东部战区组织战区陆军、海军、空军、火箭军等兵力，位台岛周边开展"联合利剑—2024A"演习。

5月27日　第77届世界卫生大会再次作出不将涉台提案列入大会议程的决定。这是世卫大会连续第8年拒绝涉台提案。

5月30日　国务院关税税则委员会发布公告，自2024年6月15日起，对原产于台湾地区的润滑油基础油等134个税目进口产品，中止适用《海峡两岸经济合作框架协议》协定税率。

6月21日　最高人民法院、最高人民检察院、公安部、国家安全部、司法部联合发布实施《关于依法惩治"台独"顽固分子分裂国家、煽动分裂国家犯罪的意见》，对依法惩治"台独"顽固分子分裂国家、煽动分裂国家犯罪的总体要求、定罪量刑标准和程序规范等作出明确规定。

8月30日　文化和旅游部宣布将恢复福建居民前往金门旅游。

9月18日　国务院关税税则委员会发布公告，自2024年9月25日起，停止执行对原产于台湾地区的鲜水果、蔬菜、水产品等34项农产品免征进口关税政策，相关农产品进口关税按现行有关规定执行。

9月30日　国台办发言人宣布，大陆首批已有1256个景区推出台胞来大陆旅游促销活动，对持首次办理台胞证（签发次数为01）的台湾同胞一年内到景区游览免除门票费用。

10月10日　国台办发言人就赖清德"双十"讲话有关两岸关系内容表示，赖清德顽固坚持"台独"立场、充斥对抗思维、不断挑衅滋事，蓄意加剧两岸紧张局势，严重破坏台海和平稳定。台湾始终是中国领土的一部分，台湾同胞始终是中华民族的一分子，中华人民共和国政府始终是代表包括台湾在内的全中国的唯一合法政府，中国始终是全体中华儿女的伟大祖国，坚持一个中国原则始终是国际社会的普遍共识。

10月14日　中国人民解放军东部战区组织战区陆军、海军、空军、火箭军等兵力，位台湾海峡、台岛北部、台岛南部、台岛以东，开展"联合利剑—2024B"演习。

10月14日　国台办发言人宣布，决定依法对沈伯洋、曹兴诚和"黑熊学院"实施惩戒。

后 记

为贯彻落实新时代党解决台湾问题的总体方略，进一步增强新时代对台工作的政治性、战略性、前瞻性和行动性，中共中央台办、国务院台办于 2023 年底启动《中国台湾问题：干部读本》修订工作，历时 10 个月如期完成。中共中央台办、国务院台办主任宋涛担任编委会主任，审定全书并撰写引言。中共中央台办、国务院台办副主任潘贤掌、仇开明、吴玺分别担任编委会副主任，指导重点章节编撰工作并审阅全书。

中共中央台办、国务院台办相关业务局编写修订本书。宣传局负责组织协调，承担编委会日常工作。综合局、研究局、经济局、港澳涉台事务局、交流局、联络局、法规局、投诉协调局、政党局按照职能分工分别修订完善相关内容。海峡两岸关系研究中心负责资料整理及全书统稿工作。

中国社科院台湾研究所所长朱卫东、上海市台湾研究会会长严安林等台湾问题专家对本书修订提出宝贵意见和建议。

本书修订过程中，得到外交部港澳台司等部门大力支持。九州出版社承担编辑出版工作。在此一并表示衷心感谢。

本书如有讹误之处，欢迎读者批评、指正。

编　者

2024 年 10 月

编　者

2024 年 10 月